変化を続けて頂点を狙う

柔軟力

明豊高校
野球部監督
川崎絢平

竹書房

はじめに

明豊は日本一の湧出量を誇る温泉の街、大分県別府市にキャンパスを置く私立の中学校・高等学校である。開校は1999年だ。学校の前身は別府大学附属高校であり、硬式野球部はメジャーリーグでも活躍した城島健司さんら多くのプロ野球選手を輩出している。

甲子園への出場は、2001年夏が最初である。初戦の聖光学院戦で20得点し、3回戦では習志野を下すなどして初出場ベスト8という成績を残した。この大会を皮切りに甲子園には春夏通算9度出場し、8強3回、4強1回と成績を残してきた明豊だが、これらはいずれも21世紀以降に残した成績だ。つまり、全国の舞台に顔を出すようになって、まだ20年にも満たない。また、初めての甲子園で披露された南こうせつさん作曲のポップス調校歌「明日への旅」が与えたイメージも相まってか、全国の高校野球ファンの間には依然として「九州の新興勢力」という印象を抱く方も少なくはないようだ。

この9度のうちの4度に、僕は関わらせていただいている。明豊の指導者として初めて甲子園の土を踏んだのは、2011年夏だった。この時は部長としてベンチ入りし1勝を挙げ、3回戦に進出した。監督としてチームを指揮したのは2015年夏、2017年夏、

２０１９年春の３度だ。そして、令和初となる２０２０年春のセンバツ大会にも選出いただき、４度目の指揮を執らせていただくことも決定した。

僕は智辯和歌山で過ごした高校３年間で３度の夏甲子園に出場し、高校１年時には全国制覇も経験した。母校のコーチとしても春夏３度の甲子園を経験しているが、明豊を率いての甲子園は２０１５年夏の仙台育英戦での大敗がデビューとなった。僕にとってもチームにとっても、ここが起点となったのは間違いない。それ以降チームは勝ち負けを繰り返しながらも、着実に組織の足腰を強化してきた。おかげさまで２０１７年夏に８強、２０１９年春に４強と、甲子園でも上位進出を繰り返すことができている。また、九州大会では２０１８年に春秋準優勝、２０１９年秋には監督として初めて九州を制するなどして、直近の４大会で３度の決勝進出を果たすこともできた。

指導者としての僕は道半ばどころか、スタート地点に立ったばかりの若輩者に過ぎない。したがって、当初は本を出版することにも大きな戸惑いがあった。40代突入を目前に控えた〝アラフォー〟世代も、この世界ではまだまだ若手に分類されるし、指導者としての知識や成績が不足していること、人間的に未熟であることは重々承知しているつもりだ。一方で少しずつ実績を重ねていくうちに、気が付けば高校野球の指導者となって10年が過ぎた。また、指導方法や考え方について「話を聞きたい」という声が少なからず届くようにもなった。

僕個人は〝指導者としての若さ〟を活かし、ひとつのものに固執することをしない「柔軟かつ流動的」な指導を心掛け、各年代や生徒の個性に合わせた指導への試行錯誤を続けている。もちろん僕自身も指導者として現状に満足しているつもりはさらさらない。だからこそ、世の中が新元号下で新しい時代に踏み出そうとしている今、10年間で辿った自分の足跡を書き残すことが「日本一」という高みを目指すうえでの糧になると考えた。また、10年という節目を迎え、自分を律する意味でも過去を振り返ることは重要だと感じたのである。そうした理由から、このタイミングで僕の経験やまだ見ぬ未来への構想について、包み隠さず述べていこうと決意したのだ。

言うまでもなく、僕個人の力だけでここまで来たわけではない。僕が明豊に参画した2011年以降、学校やOB、家族の多大なるサポートをはじめ、個性的な生徒や支援者の方々など、じつに多くの人との出会いがあった。そのすべてが僕の教材となり、財産となっている。本当に数えきれないほどの幸運と素晴らしいご縁に恵まれて今日に至っている。そのすべてに対する感謝も、この一冊に込めたいと思っている。

柔軟力

目次

はじめに……1

序章

「九州有数の強豪」と呼ばれるまでの日々

九州の中の明豊……16
智辯和歌山で全国制覇、社会人でクラブ日本一……18
急転直下の明豊入り……21
「全権コーチ」時代を支えてくれた人との出会い……23
野球に飢えた生徒たち……26
甲子園初采配で突き付けられた「スケールの小ささ」……28
爪痕を残した2度目の甲子園……30
「割り切り」で掴んだ甲子園キャリアハイ……33

大きな意味を持った龍谷大平安戦勝利と習志野戦の敗因……36
野球部員である前に一生徒であれ……38

第一章

野球人・川崎絢平の原風景

憧れは清原和博、松井秀喜ではなかった……42
無欲の中学生、智辯和歌山から大抜擢……44
甲子園の懸かった試合……46
「異次元」だった髙嶋仁 1
尋常ではなかったランメニュー……49
「異次元」だった髙嶋仁 2
ミカン箱×10セットと終わりのないフリー打撃……52
髙嶋仁の打撃論
「空中から来る球は空中に打ち返せ」……55
圧倒的才能に囲まれた立命館大の4年間……58
箕島球友会でクラブ日本一に……60
コンビニ店長時代に培ったマネジメント能力……63

再会した恩師に学んだ「指導の根拠」……65

第二章

明豊のチーム作り

「あの手この手」で形作られた九州最強軍団

「人間」を説き続けたミーティング……70
認めて伸ばす
――生徒の自発性を引き出す方法……73
全力疾走は「美徳」ではない！
――選手が全力プレーを怠ってはいけない理由……76
メンバー外の生徒にチャンスを
――試合翌日に紅白戦を組む理由……79
生徒との距離感、スタッフとの関係性……81
保護者との〝無風〟な関係……85
約束を守れない選手が監督のサインに従うとは思えない……86
ＵＮＯ事件……88

エース退寮に隠された真の狙い……91
ある生徒の退部……93
金髪にピアスの打撃投手……96
同じ力であれば下級生を使う……100
「野球は守りだ」がベース……102
スタメンを事前に知らせない理由……104
模索し続ける生徒の導き方
――型にはめず本性を引き出したい……107
ベンチ入りメンバーとキャプテン選考の基準……109
勝ちプランは常に接戦
――「想定外」を想定して試合に入る……111
「後半勝負」に強い理由
――試合序盤は後半戦のための撒き餌である……113
自力本願と他力本願
――〝かもしれない野球〟では日本一になれない……115
「幹と枝葉」の関係
――ひとつの指示で複数の思考を……118

「掴みどころがない」は褒め言葉だ ……… 120

第三章

負け＝進化の時

敗戦をいかに挽回してきたのか

敗戦から何を学ぶか ……… 124

2014年夏の大分大会決勝
明豊 5-6 大分

土壇場で顔を覗かせた人間力 ……… 126

「あとひとつ」への挑戦と思わぬ副産物 ……… 128

2015年夏の甲子園
明豊 1-12 仙台育英

欠如していた「ふたつの強さ」 ……… 130

2017年春の九州大会
明豊 0-10 福岡大大濠 6回コールド

自主性、主体性のススメ ……… 132

生徒を突き放した先にあったもの ……… 134

あの負けを克服するのに3年を要した……136
2019年春の甲子園
明豊 4－6 習志野
「引き出し」のバリエーション……139
重度のセンバツ後遺症……141
極度の左アレルギー……144
「自立・強か・謙虚」のスローガン……146
「なんとかなる」は「なんともならない」……148
2019年秋の明治神宮大会
明豊 4－5 健大高崎 延長10回タイブレーク
敗戦後に増した言葉の効力……151
敗北の中にある「勝利に近づく最善の方法」……153

第四章
川崎流「技術論」
練習に仕掛けた無数のマジック

「普通」をとことんまでやりきる……158

前提は「走って守れて、動ける選手」
――傑作選手が証明したキャッチボールの重要性 ……… 160
キャッチボールのポイント 1
正しいテイクバックと「腕と顔の距離」 ……… 163
キャッチボールのポイント 2
すべては軸足に集約される ……… 165
守備練習 1
ボール回しで確認したい「下から上へ」の感覚 ……… 167
守備練習 2
ノックで取り入れたい近距離送球と脳内ウォーミングアップ ……… 169
守備練習 3
ダメージの残る被安打を撲滅せよ ……… 172
守備練習 4
外野手にワンバウンド返球を求める理由とは ……… 174
打撃練習 1
強打線はスイング量によって作られる ……… 177
打撃練習 2
本数を決めないフリー打撃 ……… 180

打撃練習 3
打席で体現すべきもの ……… 182
走塁練習
実戦の中で磨く「足勘」 ……… 184
投手の「大丈夫」ほどあてにならないものはない ……… 186
川崎絢平の継投論 1
2番手以降の投手はいきなり100%で登板を ……… 188
川崎絢平の継投論 2
継投に「情」を挟んでは大怪我をしてしまう ……… 191
毎週B戦を行いメンバー間の入れ替えを激化 ……… 193
プレーイングマネージャー 1
名人芸の〝ものまね〟を最大限に活かす ……… 195
プレーイングマネージャー 2
打撃投手に込められた意味 ……… 198

第五章

代表的な教え子たち

「超・高校級」の才能に学んだこと

教え子たちから学んだこと……202
先頭を走り続けたドライチ左腕
岡田俊哉（中日ドラゴンズ）……204
打撃の求道者
西川遥輝（北海道日本ハムファイターズ）……206
幼さが抜けず2度の「帰れ」事件を起こした強打者
濱田太貴（東京ヤクルトスワローズ）……208
濱田への指導を通じて学んだこと……211
捕手・中谷仁の強肩……214
社会人野球トップクラスの稲垣兄弟……216
都市伝説化していた糸井嘉男の存在……218

第六章 「日本一」宣言 歩み始めたVロード

「日本一奪取」を初公言した日……222

日本一か甲子園出場か、生徒たちの出した答え……224
わずか3、4か月で頂点には立てない
――センバツ4強でも「日本一」を口に出せなかった理由……226
初の九州制覇も通過点に過ぎず……229
伝統が生む「目に見えない力」……231
明治神宮大会の負けがもたらした効能……234
大阪桐蔭は現代高校野球の究極形……236
大阪桐蔭に憧れない者は〇〇だ！……238
地方から狙う天下獲り……240

最終章
野球界の未来へ
高校野球の力がもたらすもの

野球人口減少に対する「目に見えない対策」……244
野球教室という「目に見える対策」……246
子供たちに溜息をつかせてはいけない……249

なぜ野球ばかりが危険視されるのか？……251
相反する医学的見地と現場の経験……254
ベンチ入り人数の増加とＤＨ制導入を……256
甲子園を目指さない組織と国体のあり方……258
春の大会を重要視する本当の理由……262
「甲子園の力」と「高校生の可能性」……264

おわりに

生きて野球ができるということ……267
変幻自在のやり方で創る高校野球の未来……269

序章

「九州有数の強豪」と呼ばれるまでの日々

九州の中の明豊

ほんの数年前まで、大分県勢は九州内でも極めて厳しい立場に立たされていた。過去10年における春夏の甲子園20大会のうち、県勢の出場は13回。この間の甲子園における勝敗数は7勝13敗と大分は大きく負け越しており、初戦敗退は8回を数える。春のセンバツ出場も2019年に明豊と大分が同時出場を果たすまで、2012年の別府青山が一度出場しているのみだ。つまり、それだけ県代表は九州大会で上位進出を阻まれ続けていたことになる。とくに春の甲子園にも繋がる秋の抽選会の席では、大分県代表を引き当てた他県代表校の監督が机の下で密かにガッツポーズをしている。そんな雰囲気がたしかに九州の中にはあった。

明豊は2015年以降、春夏4度の甲子園でベスト8が1回、ベスト4が1回。2019年春には甲子園レジェンドの横浜（神奈川）や龍谷大平安（京都）にも勝利することができた。難敵・及川雅貴投手（阪神）を擁した横浜には、打線が最大5点差を逆転して大会ナンバーワン左腕を攻略している。伝統的に守りが固いことで有名な龍谷大平安との試合は、あろうことか9回まで両チーム無得点の、いわば龍谷大平安がもっとも得意としている展開に持ち込まれたにも関わらず、我慢比べに勝ち、最終的には延長12回にサヨナラで勝利を掴み取った。僕自身が不思議に感じてしまうほど、普段の力以上のものが出せた試合の連続で、この大会は学校最高のベスト4へと勝ち進んでいる。

こうした甲子園での実績や、7季連続での九州大会出場、さらに2018年春秋の九州大会での準優勝、2019年秋の九州大会優勝、その後の明治神宮大会出場などという実績を積み上げてきたことで、我々を見る目、人伝に聞こえてくる評価などが以前とは大きく変わってきたと実感している。もちろん僕らスタッフ全員が、自分たちを自己評価することもなければ、自分たちの置かれた状況が決して楽観視できるものではないということも理解している。ただ、過去に残してきた成績については、生徒たちには大いに胸を張ってほしいし、僕も生徒たちには深く感謝している。

また、我々の成績が安定してくるのと同時に、県勢の成績も大きく向上を遂げた。これが何よりも喜ばしいことである。2018年秋には九州大会で明豊と大分がセンバツ出場を掴み取り、2019年秋には明豊と大分商で九州大会の決勝を戦い、2年連続となる県勢のセンバツ2校出場が実現したのだ。

こうした状況の中で、他校の監督さんからの牽制やプレッシャーが年々強くなっているのは間違いない。九州は甲子園の懸かった秋の九州大会であっても指導者懇親会が開催されるのだが、そういう席上でも「明豊」の名を口にされる監督さんが明らかに増えてきた。しかし、僕は現状のチーム力や立ち位置を判断するのは自分たちがやるべきことではないと思っている。むしろ、外からの視線を意識せずに、黙々とチーム力を高めるべきだと考えているからだ。ただ、そうやって周囲が明豊の存在を意識してくれていること自体が、我々が着実に階段を上がってきていることの証でもあるので、そこは素直に喜びたい。

智辯和歌山で全国制覇、社会人でクラブ日本一

和歌山県海南市出身の僕は、全国的な高校野球の強豪として知られる智辯和歌山でプレーした。監督はご存じ、甲子園歴代最多の68勝を挙げて2018年夏の甲子園後に勇退された髙嶋仁先生だ。勝利数だけでなく、監督としての出場回数、指揮した試合数でも歴代最多を誇る髙嶋先生は、とにかく負けず嫌いな方だった。僕らが優勝した3年秋の国体も、後輩たちの翌春センバツへと繋がる秋季大会の最中だったが、いざ試合が始まると勝負師としての血が騒ぐのだろう。全力で勝ちにこだわるのである。試合を楽しもうという雰囲

気は微塵もなく、まるで夏の和歌山大会かというぐらいに怒鳴っていた。ランナーコーチにすら全力で怒鳴っていた。それほど勝ちに対する執念が強かった。

そんな髙嶋先生の抜擢を受けて、ショートを守っていた僕は1年夏からベンチ入りを果たし甲子園にも出場した。しかも、チームは夏の初優勝を達成。いきなり全国制覇メンバーに名を連ねてしまうのだ。

たしかに守備においてはそれなりの自信はあった。しかし、何か特別に突出した選手だったわけではない。そもそも、智辯和歌山を志望していたわけでもなかった。中学時代は生石ボーイズという硬式チームでプレーしたが、同じチームに在籍し僕が何をやっても勝てないと認めていた中原佑を「髙嶋監督が見に来る」というので、最初は僕も一緒に見てもらったに過ぎない。中原は高校卒業後すぐに社会人の本田技研（現Ｈｏｎｄａ）へと進み、コーチを務めたほどの素晴らしい選手で、誰が見ても明らかに中学野球界のスターといえる有望株だった。一方、僕自身はというと、智辯ほどのチームと縁のある選手だと思ったことすらない。ところが、練習を見ていた髙嶋先生が「欲しいのはこっち」と指名したのは、攻守に派手な中原ではなく、下手を自覚してキャッチボールの一球一球を丁寧にこなしていた僕の方だった。

それほどの能力もないと自覚している僕が、髙嶋先生の目に留まり、いきなり1年から試合に出してもらったうえに甲子園のグラウンドに立っている。そして、想像もしていなかった全国制覇だ。入学後すぐに抜擢された理由は、キャッチボールの正確性と守備の安定感にあったらしいが、当時はエースの高塚信幸さんが故障していたために、正遊撃手で145キロぐらいの直球を投げていた清水昭秀さんがリリーフでマウンドに上がっていた。となると、高嶋先生としても後半の3イニングでもいいからきっちりと守れる選手が欲しい。そうしたチーム事情も含め、あまりにも話ができすぎているため「ちょっと運が良すぎる。自分は早死にしてしまうのではないか」とすら思ったほどだ。

高校時代の夏はすべて甲子園に出場した。最後の3年夏もベスト4に進出し、秋には国体のタイトルも獲った。その後進んだ立命館大では1、2年時に全日本大学選手権、明治神宮大会に出場して2年連続の全国ベスト4入りを果たしている。また、大学を卒業後に所属していた社会人のクラブチーム、箕島球友会では3年目に全日本クラブ選手権で優勝し、同年秋にはチームの目標でもあった社会人日本選手権にも出場した。智辯和歌山にコーチとして在籍した2008年秋から2010年夏までの期間も3度の甲子園に出場し、明豊で迎えた最初の夏も部長として甲子園へ。たしかに自分は「持っている」と感じながらの野球人生を送ってきた。

急転直下の明豊入り

２０１０年夏が終わり、新チームの秋を迎える頃に僕は智辯和歌山のコーチを辞任し、妻の故郷でもある大分に拠点を移すこととなった。最初から高校野球の指導者になるための転居ではなく、急きょ決定したことでもあったため、就職先も何も決まっていない状態での九州上陸だった。和歌山時代にはコンビニ店長としてローソンを経営していた経験もある。大分では人生初のパソコン教室に通いながら、どうしても仕事が見つからなければ、コンビニの仕事でも探そうと本気で思っていた。

ただ、和歌山を発つ直前に「大分に行ったらこの人を訪ねるといい」と紹介していただいたのが、岡村泰岳さんという方だった。岡村さんは大分東リトルシニアの球団会長も務めておられ、環境整備会社を営む会社経営者としての顔の広さに加え、県内スポーツ界に強固なコネクションも持っておられる。僕は岡村さんに拾われるような形で投球解析ソフトの販売代理業務を始め、野球の指導者としても大分東シニアのコーチとして活動を再開することとなった。

そんな生活が始まって間もない頃だ。中学生を相手に指導している僕を見た岡村さんが「お前はこんなところにいる人間じゃない。ちょっとあちこち聞いてみるから」と言って、まもなく「明豊が指導者を探しているらしい」という話を持ってきてくれた。当時の理事長から「とりあえず話に来い」と言われたので面談に伺うと「明日からでも来なさい」と、話は急転直下で進んでいく。さすがに岡村さんに雇っていただいたばかりということもあり、恐るおそる岡村さんに相談すると「すぐに行け。もともとウチに残すつもりはないんだから」と言っていただいた。面談の翌日には明豊高校の事務職員として学校に席を与えられ、面談の2日後にはコーチという形で野球部のグラウンドに立つこととなる。これが2011年1月のことだ。

世の中に「野球に携わりたい」、「高校野球の監督になりたい」と願う人は山ほど存在するはずである。しかも僕は「どうしても高校野球がやりたい」と言って大分に来たわけでもない。心の中に少しでもそんな欲求があれば、おそらく智辯和歌山に残っていただろう。そもそも、智辯和歌山という高校野球界の超強豪校にいたからこそ、「指導者になりたい」からといって簡単になれるものではないということも理解していたつもりだ。

ところが、話をいただいたのは明豊である。大分県といえば、現役時代は柳ヶ浦や日田林工のイメージが強かった。関西時代に聞いたことがある大分県内の学校といっても、これに津久見、楊志館などを加えたわずか数校に過ぎない。ただ、明豊とは接点があった。智辯コーチ時代に国体で今宮健太（福岡ソフトバンク）のいた明豊と対戦したことがあった。「新しいチームが出てきた」という印象を強く抱いたが、ともかく僕ら関西の人間からすると、明豊は大分県内で真っ先に名前が挙がる学校であり、名前を知っている数少ない学校のひとつであることに違いはない。

高校野球の指導者になど簡単になれるものではない。それも、いきなり甲子園レベルの強豪でポストを与えられるというのは、極めて異例ではないだろうか。その点においても、僕は自らに降りかかる強運を感じずにはいられなかった。

「全権コーチ」時代を支えてくれた人との出会い

「運の良さ」という意味では、僕が明豊着任時の監督が和田正さんだったことも非常に大きかった。和田監督は社会人野球出身で、２００７年に系列の別府大学野球部を率いて全日本大学選手権にも出場された実績を持つ。おそらく僕がコーチとして加入するということは事後報告だったと思うが、和田監督は僕を大きな器を持って受け入れてくださった。

「チームの練習から何もかも、お前が培ってきた経験を活かして好きにやってくれたらい い。まわりからのプレッシャーも責任もすべて俺が引き受ける。だから思い切ってやれ」と、練習メニュー決定から練習試合のスタメン決定など、チームの全権を僕に委ねていただいた。そして4月からは部長という要職も与えてくださった。

和田監督の中には「ゆくゆくは川崎を後継者に」という腹づもりもあったようだ。ただ、すべてを任せていただいてやりやすくなった半面、グラウンドも寮もすべて見なければいけなくなった。寮でのミーティングも、僕がひとりで行うしかなかった。当時は生徒の間に厳しい上下関係も残っていた。人間として正さねばならない事柄が多すぎて、ミーティングで話さなきゃいけないこともひとつやふたつではない。むしろ、日を追うごとに生徒に言わなければいけないことが増えていく。グラウンドではノックを打ちながら、同時に3年生の進路を見なければいけないし、次の代の募集もやらなきゃいけない。これではキツいと思っていた矢先、学校側が「さすがに和田と川崎のふたりでは無理がある」といって、現在部長を務めてくれている赤峰淳を連れてきた。直前まで福岡県の飯塚高校で主に投手コーチを務めていた赤峰は、この年の春の九州大会準優勝にも大きく貢献している。現在、社会人野球の大阪ガスで活躍している猿渡真之投手も、九州大会準優勝メンバーの主力で、赤峰の教え子のひとりだ。

こうして学校の支援を受けながら、徐々に体制は整っていく。そしてチームは２０１１年夏の大分大会を勝ち上がり、和田監督の下で2年ぶりの甲子園出場を決めた。当時、理事長は甲子園大会の後に「川崎への監督交代」を示唆したと聞いたが、ここでも和田監督に僕は守っていただいた。甲子園に出た次の代は、故・大悟法久志監督の退任という混乱時に入学してきた生徒たちで、戦力的には厳しいと言わざるを得なかった。和田監督は僕にこう語ってくださった。

「次の代は戦力的にかなり苦しい状況になりそうだ。そんな状況で監督になれば、勝てないことに対していろんな批判も集中するだろう。だから、俺がもう1年だけ引き受ける。お前はその間に生徒募集に動き、下級生の強化を怠るな」

そうして僕は２０１２年の夏が終わったタイミングで監督に就任することとなった。そこから監督としての甲子園出場まで約3年を要することになるが、部長として和田監督から学んだ2年間がなかったら、もっと時間がかかっていたとしても不思議ではない。何より大分で岡村さんと和田監督の器の中に組み込まれることがなかったら、きっと今の僕は存在していないだろうとつくづく思う。まさに感謝してもしきれない恩人である。

野球に飢えた生徒たち

僕が明豊に来た時点で、すでに能力的には県内で一番のチームだった。当時の最上級生は今宮の2学年下で、その下の学年も甲子園ベスト8進出を見て入ってきた生徒ばかりだった。「智辯の選手ともそん色はないな」という第一印象を抱いたし、グラウンドや室内練習場などはむしろ智辯よりも恵まれている。

ただ、残念なことに人間的な部分で足りない点が多分にあった。僕は現在も臨時免許で保健体育の授業を任されているが、当時は野球部の部長である僕の授業中に、部員同士が殴り合いの喧嘩をすることもあった。それだけ気の強い生徒が多いということは、些細なことをきっかけに野球部がプラスに転ずる可能性を秘めているとも言えるが、あの頃の生徒を見て一番感じていたのは「きっと消化不良なんだろうな」ということだった。当時はバッティング5本×3、シートノックをやったところでスパッと全体練習が終わってしまう。僕はある日のミーティングで「お前たちは本当に甲子園に行きたいと思っているの？」と尋ね、次のようなことを生徒たちに話したと記憶している。

「本気で甲子園を目指している人たちから鼻で笑われるぞ。お前たちの能力の高さはよくわかる。でも、能力の高さがあるからといって甲子園に行けない学校は山ほどある。本気で甲子園を目指し、本気で日本一を目指し、本気で野球に賭けている奴らがいる。それだけ本気の奴らでも、実際に甲子園に行けるか行けないか、勝てるか勝てないかの瀬戸際にいるんだ」

生徒たちは僕の話に食いついてきた。やはり彼らは消化不良だったのだろうか。もっと本気で野球がしたいという気持ちを僕に投げ返してくるようになった。そこからは少しずつ練習量を増やしていき、夏目前の6月頃にはそれまでが5だとしたら一気に100に近い練習量を課した。中には涙を流しながら必死で練習に食らいついてくる者もいたが、もともと野球に賭けて入学してきている生徒たちばかりなので「キツい」、「しんどい」と言いながらも彼らの表情には微かな変化が生じ、次第に充実感が見て取れるようになってきたのである。

そうやって追い込み続けた結果、生徒は次第に「俺たちはこんなにキツいことをやっているんだ。本当に俺らのことを甲子園に連れて行ってくれるんだろうな?」という視線を僕に向けるようになった。やはり野球に飢えていたのだと思う。以前は目いっぱい野球に打ち込めていなかったから、私生活の面で指導しないといけないことも多かったのだと思う。生徒が求めているものをやらせ続けることで、生徒は能力を発揮できるのではないか。いつもあと一歩のところで負け続けていたが、そこも乗り越えていけるのではないかと感じたのだ。

初めて高校野球の陣頭指揮を任された夏に、ベスト4というそれなりの結果を残すことができたのは、間違いなく生徒のおかげである。彼らへの感謝と同時に湧いてきた感情とは、高校野球を指導することの難しさであり、楽しさ、喜びだった。まぎれもなく、僕の明豊における指導の原点はここにあると思っている。

甲子園初采配で突き付けられた「スケールの小ささ」

監督として初めて甲子園のグラウンドに立ったのは2015年夏。初戦は優勝候補の一角に挙げられていた仙台育英（宮城）だった。そして結果は1－12の惨敗。いきなり平沢大河選手（千葉ロッテ）に2ランを浴びるなどして初回だけで5失点だ。大会史上最多の1試合10本の二塁打を含む20安打を許し、打っては佐藤世那投手（元オリックス）の前に4安打1得点に終わってしまう。はっきり言って、3回までの8失点で勝負は付いてしまった。

この大会で準優勝した仙台育英は噂に違わぬ強力打線だったが、僕は内心「こんな負け方をするぐらいなら出てこない方がよかったんじゃないか……」と嘆いていた。それほどの情けなさを味わった試合だった。上級生と下級生のバランスも良く、投手を中心に守備も大分大会の5試合で2失策。打線も大分大会決勝であの森下暢仁投手（広島）を攻略して大分商に勝利するなど勝負強く、ある程度はイメージしたチームが出来上がっていたが、いったん大分県を飛び出して全国に出てみると、僕らのスケールの小ささを突き付けられてしまったのである。しかも、自分が思っている以上に小さかったことに、大きな衝撃を受けてしまった。圧力、迫力、そして破壊力……。すべてにおいて力が不足していたのだ。なんとも見ていて楽しくない野球をしてしまった。強い学校の野球とは、やはり見ていて楽しくなければいけない。「井の中の蛙」という言葉が、この時ほど沁みたことはない。

また、僕個人としては監督として初めての甲子園である。3度目の挑戦でようやく出場を決めたことで、ホッとしていた自分がいたことは確かだ。今振り返っても、あの時は「ようやく甲子園に来れた」という安どの気持ちの方が、試合に勝つという執着心を明らかに上回っていた。

しかし、負けを受け入れると同時に僕は夢から覚めた。大分県代表として出場していながら、見せ場のひとつも作ることができず、何もできないまま甲子園を後にしてしまったのである。僕らが甲子園で試合をするために、寄付を募ってくれた人がいる。物心両面で善意を寄せてくれた人もいる。また、大分県代表を応援するために、わざわざ遠方から駆けつけてくれた人も大勢いる。これだけ無様な試合をしてしまったことで、そんなみなさんの気分を害してしまったのではないだろうか。果たして僕らは県代表としてふさわしかったのか。負けて考えることの多い甲子園初采配となった。

何よりも、素直に反省しなければならないと感じた。誰しも自らの反省や過ちを正すことは嫌な作業だと思う。しかし、反省なくして成長はない。できれば思い出したくないことと向き合わなければならないこともあるだろうが、反省するからこそ新しいことを創造でき、行動・実践へ繋げていくことができるのではないだろうか。僕自身、2015年の反省を忘れなかったから、現在の好循環があるのだと強く信じている。

爪痕を残した2度目の甲子園

2度目の采配は2017年夏。2年前の屈辱をアルプススタンドで目の当たりにしていた1年生が最上級生となって迎えた夏だった。この代で四番を任せていた高校通算50発の杉園大樹（関学大）は、2015年の仙台育英戦でも五番・一塁手でスタメン起用していたが、2打席2三振、1失策とまったくいいところがなかったため途中交代させている。いわば、惨敗の悔しさを実際に肌で味わった当事者のひとりだ。

僕は「2年前の悔しさを知る生徒がいる間に甲子園に行かなければいけない」と強く感じていた。2015年の後、僕らが甲子園で味わった怖さや屈辱をミーティングで話す機会はたくさんあった。それを実際に経験したり、その目で見たりしている者がいれば、ミーティングの効能は非常に大きなものになる。2016年春夏、2017年春と甲子園を逃し続けてきただけに、当時を知る者が甲子園の借りを返す最後のチャンスとなるこの夏は、何が何でも甲子園に行かなければならなかった。

選手たちは大分大会でチーム打率・423、チーム本塁打9と打ちまくった。杉園が4本、2年生の濱田太貴（東京ヤクルト）が3本のアーチをかけ、ふたりのアベック弾も大会中に3度も記録されている。正確な記録として残されてはいないらしいが、主催者からは大分大会の9本塁打は間違いなく新記録だろうと教えられた。初戦から準決勝まですべてコールドで勝ち、決勝も8回終了時点で7点リードだからコールドに相当する勝利だった。「さすがに今度ばかりはいけるんじゃないか」という周囲の期待が、僕の方にもひしひしと届いてくるのである。

ただ、チームを率いる立場としては「今回も勝てなかったら本当にヤバいことになる」という思いでしかなかった。さすがに2度目で勝てなかったら一生勝てないのではないか、甲子園未勝利のままキャリアを終えていくのではないか。仮にその後も甲子園に出続けることができたとしても、常にこうした恐怖感にさいなまれ、自信を持てずに戦うことになっていくのではないか。圧倒的な成績で大分県を突破していただけに、余計にそうした思いばかりが頭をよぎってしまうのだ。

しかし、坂井（福井）との初戦は濱田の2ランで逆転勝利を収めた。監督としてはこれが僕の甲子園初勝利となった。濱田が2試合連続の本塁打を放った神村学園（鹿児島）戦は3点リードの9回に同点とされ延長12回には3点を勝ち越されたが、その裏に敗戦目前の二死ランナーなしから、大会史上初となる延長3点差逆転サヨナラという劇的な勝利を飾ることができた。続く準決勝で天理（奈良）に敗れたが、3－13で迎えた最終回に三好泰成（広島経済大）が大会史上初となる代打満塁本塁打を放つなどして追い上げ、4点差まで詰め寄ることができた。勝っても負けても劇的な試合の連続で、試合中も非常に大きな声援をいただくことができた。「打の明豊」というイメージは少なからず植え付けられたと思うし、甲子園にもしっかりと爪痕を残せたのではないかと確信している。

大分大会で記録したチーム打率は、甲子園の参加校中2位という成績だった。そのうえ、甲子園でも濱田の2本を含む3本塁打を放ち、3試合で25点と得点力も発揮できた。前回の甲子園では明らかに不足していた「力」というものを、打に関しては充分に備えていたと思う。生徒はしっかりと前回の負けを克服してくれたのである。

「割り切り」で掴んだ甲子園キャリアハイ

2017年夏に学校最高に並ぶベスト8入りを果たしたことで、チームは2019年センバツでの目標を「キャリアハイの更新」に設定した。つまり、ベスト4以上の成績がこの大会における最低限の目標となった。

しかし、いきなり難敵が立ち塞がった。初戦の相手は春夏通算5度の甲子園優勝を誇る横浜である。150キロ超左腕のエース、及川雅貴投手は「大会ナンバーワン」と目され、当然チームも優勝候補の一角に挙げられていた。選手、監督を通じて春は初めての甲子園となった僕は、大会までの持っていき方が非常に難しいなと実感していたところへ「初戦横浜」という難事が降りかかった形である。この抽選会の後、クジを引いた主将の表悠斗

（立命館大）に「飛行機には乗せないよ。大分まで走って帰ってこい」と笑いながらジョークを飛ばしたのだが、内心8割は本気だったかもしれない。

ただ、相手が優勝候補のビッグネームということで、開き直ることができたというのも事実だ。もちろん負けるとは思っていなかったが、大会前から世間の注目を大いに集めている東の横綱に対して「負けてもともと」というスタンスで向かっていくことができたし、僕が以前から機会があればやってみたいと思っていた試合の入り方にもトライできた。

僕の中には〝生徒に暗示をかけて試合に臨んだらどうなるんだろう〟という興味が以前からあった。現在の智辯和歌山監督で、僕の2学年先輩にあたる中谷仁さんが「野村克也さんの野球は非常にわかりやすく、やりやすかった」という話をされていたことがある。「野村さんは選手に〝割り切り〟を与えてくれる。『ここでこういう球が来るから、お前はそのボールを待て。それ以外の球が来たら、それはこっちの責任だから』と。そういう指示を出してくれる監督さんが一番やりやすい」とおっしゃっていた。だったら大会注目の及川投手に対して、僕が同じことを仕掛けたらどうなるのだろう。

「お前らなら相手が及川であっても真っすぐは対応できる。仮に打てなかったら『話が違うじゃないですか』とこっちを責めてくれればいい。真っすぐなら大丈夫だ。ただし、低めの変化球だけには手を出すな。その見極めだけはしっかりしてくれ」

及川投手が世代屈指の好投手であることに間違いはないが、ウチの選手たちなら直球には対応できると信じていたし、及川投手は制球力に課題があるので、ボールになるスライダーの見極めさえしっかりできれば攻略も可能だと思っていた。ところが、これを実践することが一番難しい。そのため、攻略するにはいよいよ割り切りが必要になると考えた。だからウチの選手たちには「たとえフルカウントになっても、俺が〝スライダーが来る〟と思った時に〝待て〟のサインを出すこともある。そこでスライダーが真ん中に来て見逃し三振で終わったとしたら、それはもうこっちの責任だから」と伝えたのである。

だから選手たちは思い切ってプレーできたのだと思う。結果的にみんなは変化球に付いていけたし、低めのスライダーにも手を出さなかった。そのうえ直球に対しては想像通り対応してくれた。僕自身もイチかバチかの賭けで臨んでいたし、その割り切りが見事にハマっていくから僕にとっても楽しい試合となった。試合は13－5で勝利することができた。

センバツ後も好投手と対戦する場合は、こうした割り切りを授けて試合に臨むようにしている。甲子園という大舞台になると、勝ちゲームの中からこのような新しい引き出しを得ることも少なくないのだ。

大きな意味を持った龍谷大平安戦勝利と習志野戦の敗因

2019年のセンバツでは、2回戦で戦った前年秋の神宮大会覇者・札幌大谷との試合が、初戦とは打って変わっての1点差ゲームとなった。ここを2－1で突破して2017年夏に並ぶベスト8入りを果たした明豊は、準々決勝で春夏通算75度の甲子園出場を誇る超古豪の龍谷大平安と対戦した。「平安」といえば僕にとっても高校1年夏の甲子園決勝で対戦した相手であり、その当時からチームを率いておられる原田英彦監督には現在もいろいろとお世話になっている。2019年夏にも関西遠征中に練習試合をしていただき、非常に多くのことを勉強させていただいた。数年前には原田監督にお願いしてグラウンドにお邪魔し、練習見学をさせてもらったこともある。

龍谷大平安との試合は、延長10回を終えて両チーム無得点の息詰まる投手戦、そして守り合いとなった。強力打線の明豊をもってしても、平安投手陣からはわずか7安打のみ。逆に明豊も寺迫涼生（大阪体育大）と2年生エースの若杉晟汰による継投で、相手打線を7安打に抑え得点機を与えない。完全に我慢比べの展開となったが、これはむしろ原田監督が得意とする龍谷大平安ペースの試合である。しかし、最初にミスを犯したのは龍谷大平安の方だった。延長11回、明豊は相手の失策などをきっかけにチャンスを作り、最後は途中出場していた背番号15の後藤杏太（大阪産業大）が右中間にサヨナラ打を放ち、1－0で勝ちを収めた。

日本の高校野球界でも屈指といっていい守備力を誇る龍谷大平安を相手に、打撃のチームが「守り合い」で負けなかったのだ。終始相手の流れの中で試合をしながら、それでも負けることはなかった。ここでも新しい勝ち方の引き出しを手にすることができたのだ。そういう意味でも僕と明豊にとっては、1勝以上の価値を持つ大きな勝利となった。

こうして目標としていた甲子園ベスト4に届いた明豊だったが、準決勝では習志野（千葉）の泥臭い野球に屈し、決勝進出とはならなかった。習志野戦は初回に主将の表が先頭打者本塁打を放つなどして3点を先制している。この時点で「日本一」というものの姿がおぼろげながら見えてきた気がした。しかし、習志野の野球は想像以上に執拗で、こちらの警戒のさらに上を行く強《した》かな攻めに、我々も充分に対応できなかった。試合後には「やりようによっては勝っていたじゃん」という声も耳にしたが、結局のところは弱いから負けたのだ。

もちろん、敗因ははっきり把握している。あの時点で本気の「日本一」を目指していなかったから、日本一はおろか決勝にすら届かなかった。大会前にはチーム全体が「学校初のベスト4へ」という目標を見据えていた。日本一という目標と比較してしまうと、やはり中途半端だったと言わざるを得ない。だから、試合中におぼろげに感じた日本一の気配とは、「目標は常に一番高いところに設定しておかないと」という野球の神様の声だったのかもしれない。

野球部員である前に一生徒であれ

近年、甲子園での実績もあってか、ありがたいことに明豊野球部を志望する子供たちの質が変化してきたと感じている。学校の方針も、2020年の募集からは強化指定クラブへの入部を希望する生徒であっても、学校の指定する学力水準に満たない場合は受験できないということになった。たしかに以前にも増して、指導者が言っていることを理解してくれる生徒でなければ、部活動を続けていくことが難しい情勢になってきている。

明豊野球部への入部を希望されている中学生のみなさんや、その保護者さんには「〝野球の上達〟と〝甲子園で勝つこと〟。人間力が伴わなければ、この両方を実現させることはできない」ということを伝えておきたい。
「甲子園で優勝するにはバットを1億回振らないとダメだぞ」と言われてピンと来たとしても「甲子園で優勝するためには人間力がないと無理だ」と言われて頭の中が「？？？」となってしまう子は、おそらく理解できないまま高校生活を終えていく。勉強ができないやんちゃな生徒が問題を起こすとは、僕もまったく思っていない。ただ「甲子園で優勝するためにも人間力は必要なんだ」ということを自分の中で噛み砕き、結び付けて理解するという力だけは求めたいのである。

たとえば部員が90人いれば、練習中に指導者がひとりの生徒を見ている時間なんてほんの数分でしかない。その見ていない時間に自分で考え、行動できるようでないと、野球が上手になるわけがない。野球センスの半分は、考える力だと僕は考えている。

また「野球部員である前に、一生徒である。正しい学校生活が送れている者に、初めて部活動をする資格が生まれる」というのが明豊高校の校風だ。僕自身も最初は「たしかにいい言葉だと思うが、それが勝負にどこまで直結しているのか」と、少々半信半疑で受け止めていたこともあった。しかし「勝ち負けこそ人間的な部分に起因しているんだ」と、より強く僕に教えてくれたのは、他の運動部で指導されている先生方だった。そして、いまだにそこの部分の教育が一番欠如しているのは、自分が率いている野球部ではないかと思わされるのである。

智辯和歌山には野球部以外の運動部がなかったから「インターハイ」という言葉は聞いたことがあっても、実際にどのようなものなのかという認識はほぼなかったといっていい。しかし、明豊には野球部以外にも剣道部、卓球部、ソフトテニス部、女子バスケットボール部など、全国レベルで活躍する運動部がある。僕が明豊に来た頃から、学校は「強化指定クラブには学校をいい方向に引っ張っていく使命がある」という方針を打ち出していた。

県総体の応援に行けば、他の部活動の生徒がすべてを賭けて臨む姿に触れることができる。夏の高校野球の1か月前に、勝った負けたで一喜一憂している生徒たちを見るのは僕個人としても大きな刺激になる。そして僕らの夏が始まる1か月も前に、高校の部活動を終えていく生徒もいる。野球部員は悔し涙を流す同級生、歓喜に沸く同級生を見ながら、勝負の厳しさに触れ、自分たちの夏に向けた最終の準備段階に入っていくのだ。このように、他の部活動と刺激し合うことは生徒だけでなく、指導者にとっても非常に重要なことではないだろうか。僕自身、他の運動部・指導者のおかげで、少しずつ成長できていると感じる日々だ。

第一章

野球人・川崎絢平の原風景

憧れは清原和博、松井秀喜ではなかった

僕が野球を始めたのは小学校2年生だった。それ以前から野球経験者だった父の影響もあってボールやバットで遊ぶことが多く、父に甲子園大会や藤井寺球場の近鉄戦に連れて行ってもらったこともあった。地元の少年野球クラブが週2度ほど練習していたが、部員でもなかった僕はいつも外野に飛んでくるボールを拾って、他の選手に投げ返していたらしい。これを見ていたチームの監督さんが家に来て「この子は毎回練習の場に来てはボール拾いをしている。いっそ入部させてあげたらどうですか？」と両親に言ったという。どこかのタイミングで野球をやらせようと思っていた父からすれば嬉しくないはずがなく、やがて正式に入部することとなった。

入部した翌日が低学年の試合だった。しかし、スタメンで出場するはずの子が風邪で休んでしまったことで、入部翌日がいきなりデビュー戦となった。まだ一度も練習らしい練習をしたこともない。小学2年生とはいえさすがに「そんなの無理だ」と感じた僕は、玄関先で「行きたくない！」と泣きじゃくり、両親を大いに困らせてしまうのだった。低学

年部門とはいっても、チーム自体が市内大会で常に優勝していた強豪である。現在でもそうだが、僕は準備ができていない状況がとにかく怖い。「まぁ、俺は大丈夫だ」などとタカを括れる性格でもない。しかし、いざ試合が始まると落ち着くもので、記憶はないが野球人生初安打もこの試合で記録したらしい。

野球を始めた頃はちょうど秋山幸二さん、清原和博さん、オレステス・デストラーデの強力クリーンアップで、黄金時代真っただ中の西武ライオンズが野球界の中心に君臨していた。ただ、子供の頃の僕は巨人ファンで、野球のヒーローといえば篠塚和典さんであり、川相昌弘さんだった。当時から僕は現実主義というか、あまりに自分とかけ離れた非現実に夢を抱くタイプではなかったと思う。プロ野球選手の中でもそれほど大きな体ではなく、同じ二遊間を守り守備や小技もできる職人肌タイプの選手を好む傾向にあった。大石大二郎さん（近鉄）や同じ和歌山県出身の正田耕三さん（広島）も大好きだった。その後はバッティングの力強さを備えた巨人の仁志敏久さんに注目が移り、中学生の頃には同じ遊撃手の松井稼頭央さんが西武のスター選手として出現する。一発のある打撃スタイルこそ異なるものの、スイッチヒッターで足も速い。僕は高校3年でスイッチヒッターに転向したこともあり、松井稼頭央さんには大いに憧れを抱いた。

ただ「松井秀喜さんや清原さんのようなホームランバッターになりたい」と思ったこと

は一度としてない。「自分はどういう選手の真似をすればいいのか。どういうタイプであれば自分は生き残っていけるのか」ということばかりを考えていたからだ。

高校野球は天理（奈良）が大好きだった。地元の先輩が天理に行っていたこともあるが、白に紫のユニフォームもアルプススタンドの応援もすべてがカッコよく映った。何より野球を始めたばかりの小学校3年の夏に、天理の甲子園優勝をテレビで観たことが僕の中では一番だった。沖縄水産を下して高校野球の頂点に立ち、選手たちが歓喜に沸いているシーンは、今でも鮮明に記憶している。

無欲の中学生、智辯和歌山から大抜擢

中学時代は生石ボーイズという硬式クラブに所属した。少人数のチームで、全国大会に繋がる和歌山県内の大会ですら勝てないほどの戦力でしかなかった。チームのコーチをしていた父は「野球が上手くなりたいなら練習するしかない。でも、勉強もしっかりやりなさい」という方針だったため、勉強はそれなりにはやった。おかげで学業の成績もクラスでは上位をキープしていた。

小学生の頃から現実的な物の考え方をしていただけに、中学生の時点で「野球で飯を食っていく」という発想はなかった。プロ野球選手になるという思いはもちろん、指導者になりたいという欲もなかった。野球を極めたいという考えもなく、近い将来に対しても「高校に行ったらどうしようかな」程度の考えしかない。もちろん野球は好きだが、野球の将来的展望などはまるで抱いていない普通の中学生に過ぎなかった。むしろ現在の方がしっかり目標を持って毎日を過ごしている生徒が多く、逆に感心させられることも多い。

智辯和歌山への入学も、半ば偶然の成り行きだった。すでに述べたように、中学時代のチームメイトで、すべてにおいて僕以上の能力を持っていた中原が髙嶋先生に練習を見てもらうというので、僕は「それなら一緒に」とくっ付いていった〝おまけ〟に過ぎなかった。しかし、髙嶋先生が「下手くそなりにキャッチボールの一球一球を大事に、正確にこなしていた」と言って選んだのは僕の方だった。

正直「なんで俺なん？　俺には智辯でやっていけるほどの能力も自信もないよ」と思った。しかし「打って打って、打ちまくる」といった打撃のイメージが強い智辯和歌山も、基盤にあるのは堅実な守備力である。髙嶋先生も「守れなければ勝てない」、「野球は守りや」と何度も口にしていたし、実際に智辯の技術練習は常に守備から入っていた。

僕が智辯和歌山に入学できたのは、キャッチボールのおかげである。したがって、指導者となった今も、僕は生徒に対して野球の基本であるキャッチボールの正確性を求めているし、中学生を見に行った際も何よりキャッチボールを注視している。基本通りに無駄のない投げ方で、狙ったところへしっかりとコントロールできているか。捕球姿勢はどうか。これは僕の中では、生徒を獲得するうえで最大の評価基準となっている。

一方、中原は智辯のライバルでもあった日高中津に進学し、早々に主力選手として活躍している。高校から直接社会人野球の強豪にステップアップするぐらいだから、間違いなく素晴らしい選手だった。

甲子園の懸かった試合

智辯和歌山に入学後の5月にはベンチ入りを果たし、近畿大会に出場して優勝することもできた。僕は初めて試合で使ってもらって以降、ノーエラーで夏の大会を迎えている。守備力が戦力と見なされている以上、守りのミスはできなかった。

結局、僕はデビューから夏の和歌山大会準決勝までノーエラーを継続した。しかし、よりによって高校野球初失策が、甲子園を賭けた決勝で出てしまう。それも、あとアウトひとつというゲームセット目前の場面で、立て続けに犯してしまったのである。相手は中原が入学した因縁の日高中津だ。日高中津は、この年の春のセンバツに分校として初の甲子園出場を果たしたほどの実力校だった。

3-2と1点リードで迎えた9回裏二死一塁から、まずはなんでもないショートゴロをエラーした。ボールが手に付かず、慌てて二塁へトスするもこれがセーフとなる。二死一・二塁。単打でも同点の状況となった。智辯としてはなんとしてでも次の打者で終わらせたい。というのも、その次にはこの試合で本塁打を放っている強打者が控えている。ここで相手ベンチは三塁ベースコーチに伝令を送った。まさに土壇場の状況で、事態は目まぐるしく動いている。そして再びショートゴロが来た。センター寄りの打球ではあったが、届かない距離ではない。ただ、僕は直前にエラーしていることもあって、恐怖心から足がまったく動かなかった。打球はグラブをかすめて失速し、力ないゴロがセンター前へと転がった。「1点は入る」と覚悟したが、三塁コーチがストップをかけていた。おそらく、直前の伝令で「智辯和歌山の外野は固く、肩もある。次の打者は好調だから、ここで単打が出ても無理して回すな」というベンチからの指示を受けていたのだろう。九死に一生を得たが、これで二死満塁。単打で逆転サヨナラという状況にまで事態は悪化してしまった。

同点こそ免れたが、僕の方は動転しきりだ。これで試合に敗れるようなことがあったら、

1年生でありながら試合に出してもらっている僕としては、もう野球を続けることはできない。野球を辞めようとさえ考えた。

次打者の打球は投手の足元を抜け、センター前に転がっていく。もうすべてが終わったと思ったが、投手と二遊間の間にサインミスが生じたことで、たまたま二塁キャンバスに寄せていた二塁手の木戸俊雄さんの正面へ打球が飛んだ。僕はベース上でボールが転送されるのを待っていたが、木戸さんは僕にトスを上げず、自らベースを踏んで試合を終わらせたのだった。あの状況で僕はトスすら上げてもらえなかったのである。

これで夢にまで見た甲子園行きが決まったが、もしあそこで負けていれば当然その後の日本一もなかった。その敗因を自分が作ってしまったと考えるだけでもゾッとする。試合が終わり学校へと戻るバスの中で、運転していた髙嶋先生から「ちょっと隣に来て座れ」と〝呼び出し〟を受けて、こう声を掛けられた。

「これが高校野球や。これが甲子園の懸かった試合や。甲子園に行くというのは、これだけ苦しいものなんや。甲子園でもお前は絶対にやらなあかんのやから、これを糧に頑張れ」

髙嶋先生からフォローされるなんてことは、後にも先にもその一度きりだ。ところが、甲子園では試合前ノックの一球目にポロリとやってしまった。そこから髙嶋先生は僕に一球も打ってくれなかった。ベンチに帰ると「何しに来たんや！」と大目玉を食らったが、その〝落雷〟の後、準々決勝、準決勝、決勝と3試合に出してもらった。ただ、不思議なことにゴロもフライもいっさい飛んでこなかった。優勝後、地元テレビ局の特番に呼ばれた時、髙嶋先生は僕がインタビューに答えようとした瞬間に「良かったな。一球も飛んでこなくて」と茶化すのだった。僕が高校1年に体験した日本一とは、そういう空間だった。

「異次元」だった髙嶋仁 1
尋常ではなかったランメニュー

ここであらためて僕の恩師である髙嶋仁監督について触れてみたい。言わずと知れた甲子園歴代最多の68勝を誇り、前章でも述べたように監督としての出場回数、指揮した試合数でも甲子園最多記録を保持する、高校野球界を代表する大監督である。長崎県出身で海星の選手としても甲子園を経験されている。もちろん髙嶋先生の存在なくして僕の智辯和歌山入りも全国制覇もなかったし、今現在の指導者としての僕も存在していなかっただろう。僕にとっては無二の恩人であり、尊敬してやまない偉大な指導者である。

「髙嶋先生の練習はどうだったの?」と尋ねられることが多い。当然みなさんも興味を持たれていると思う。現役時代は他の学校を知らないのでそれが当たり前だと思っていたが、あらためて振り返ってみると、やはり髙嶋先生の指導は〝異次元〟だったと言わざるを得ない。

まず、ランニング量が尋常ではなかった。多い時には100mを100本。タイヤ引きを100m100本。それが終わるとグラウンドを100周する。とても一日で終わる本数ではない。もちろん1年生も上級生と同じ本数をこなすのである。しかし、いかに数を誤魔化して早く終わろうかと考えるのが今も昔も生徒の性《さが》というものだ。ある日の練習で真っ暗なグラウンドを走る僕らを腕組みしながら見ていた髙嶋先生の姿が突然消えたので「そろそろいいか」とみんなでランを終えようとしていた。しかし、髙嶋先生はいったいどこへ消えたのか。おかしいなと思っていたら、最後尾の選手の後を黙々と走って付いてきていたのである。あの時に感じた恐怖は今でも忘れることができない。

1年春の近畿大会は、この年のセンバツで優勝していた天理打倒を掲げて乗り込み、決勝で目標としていた天理戦が実現したのだが、その当日も20キロほど走り込んで試合に入っている。近畿大会の時期はちょうど智辯が追い込み練習に入っている時期だ。公式戦の試合前であっても、やることはしっかりやる。「本数を減らす」だとか「今日は試合だからやめておこう」という発想は、髙嶋先生の中にはなかったらしい。僕らが3年になって平安（現龍谷大平安）と試合をした時のことも忘れられない。試合開始予定は朝10時なのに、平安のグラウンドに到着したのは朝6時。相手選手がまだ誰一人として到着していない平安グラウンドで、智辯和歌山の選手が走り込みを行うのである。やがて平安の選手がぽつりぽつりと現れ始め、僕らの姿を見て呆気に取られていた。

しかし、髙嶋先生が不在の日になると楽になるかといえばそうでもない。逆にメニューや本数は大幅に増えてしまうのだ。たとえば髙嶋先生が見ている前での100m20本が、不在の時は100m50本となる。「どうせ20本走れと言っても20は走らんやろ。それなら最初から50と言っておけば、最低でも走ってほしい20本はクリアするはず」という話を、現役時代にコーチの方から聞いたことがあった。

ちなみに髙嶋先生自身が「趣味はランニング」と言うように、とにかく監督も一緒になって走った。毎朝、登校指導の前に10キロほど走り、練習終了後も走っている。正月休みの旅行中も乗り継ぎを待つ間に空港内を走り回り、空港職員から叱られたこともあるという。また、修学旅行で韓国に行くフェリーの甲板の上でもひたすら走っていたそうだ。口癖のように「俺は地球何周分走っとる」とおっしゃっていたが、膝を悪くされてからは「それなら獣道を歩くんだ」ということで高野山に登るようになった。そんな監督の元気こそが、選手からすると何よりも脅威だったのである。

「異次元」だった髙嶋仁 **2**

ミカン箱×10セットと終わりのないフリー打撃

今にして思えば「いえいえ、簡単におっしゃいますけど……」とツッコミたくなるようなことを、髙嶋先生はサラリと言った。

「腹筋100回を20セット行こうか」

「じゃあ、バッティングに入る前にティーを10箱打ってから行こう」

ティーは120球ほど詰まったミカン箱のボールを打つのだが、これをフリー打撃に入るまでに10箱、つまり1200球打てと言うのだ。しかも「10セットならひと箱3分で30分や。ふたり一組やから1時間あれば充分やな」と言うのである。連続ティーで打ってはいたが、言うまでもなく120球を3分で終わらせるのは難しく、そのうえボールを拾う時間をまったく計算に入れていないから困ったものだ。

これが終わると、終わりの見えないフリー打撃に入っていく。本数制限はない。この「好きなだけ打て」が一番厄介だった。たとえば10分間ぐらい打って「今日はこのぐらいでいいな」と納得していると、後ろで見ている髙嶋先生から「お前、そんなんで本当に週末の試合で打てるんやろうな」と声が掛かるものだから、選手は再びゲージの中に戻るしかない。「今日は終わっていい日なのか」、「いつ終わればいいのだろう」と思っているうちに、1時間が経ち、2時間が過ぎていく。誰かが意を決して練習を終え、そこで髙嶋先生が何も言わなければ無事に打撃練習は終了となる。もしくは髙嶋先生がライト後方にあるトイレに行った隙に、そそくさとネットやゲージを撤収してしまうか。勇気を出して監督の目の前で打ち切るか、それとも用を足しに立ち上がる瞬間をあてもなく待つか。打撃練習を終わらせる方法は、このどちらかしかなかった。

智辯和歌山は14時30分ぐらいから練習が始まり、だいたいは19時30分、長い日でも20時30分には全体練習を終えていた。しかし、部員が1学年10人しかいないので、ひとりひとりの練習密度はとてつもなく濃い。打ちっぱなしのフリー打撃も、全員が打ち終えるまではいっさいボールを拾わなかった。たとえひとりが1時間打とうが、後から後から湧いて出てきているのではないかと思えるほどボールはいくらでもあった。逆に打ち終わった後に少ない人数でボールを拾う方が大変で、球拾いだけで20分も要してしまうのである。

ランメニューと同様に、打撃練習でも選手たちは数を誤魔化す工夫を行っていた。ティー1200球を打つ際は、髙嶋先生がひとりの選手につきっきりで指導を始めた時が〝ボーナスタイム〟だ。髙嶋先生の見ていない隙にボールをネットに向かってポイポイ投げ込んでは、打ち終わった体《てい》で額の汗を拭うのだった。だから僕は今でも思っている。「選手は抜くものだ」と。

こんな日常を過ごしている僕ら野球部員にとっては、毎日が髙嶋先生との勝負だった。勝負といっても勝敗の根拠などはなく「今日は俺らの勝ちや」とか「今日は負けた」とか、生徒サイドで勝手に言い合うだけなのだが、髙嶋先生の気迫に対して「打てばええんやろ」、「捕れば文句はないやろ」といった気概を持って常に対峙していたのは間違いない。

智辯和歌山の野球部は1学年10人と部員が少なかったこともあるが、チーム一丸となりやすい特徴がある。それは部員全員が「髙嶋先生にどうやって勝つか」、「今日という日をいかにして乗り越えるか」という共通認識を持ち合わせていたことに理由があるのではないか。髙嶋先生は、とても一個人で太刀打ちできる相手ではない。部員30人が束にならないと、まず勝負にはならないのだ。だから智辯和歌山の野球部に上下関係などはなく、常に全員が結束している。そのうえ普段僕らが戦っている「髙嶋仁」という強敵は並大抵の強さではないから、試合ではどんな相手にも臆することはなかった。こういう覚悟を持ってグラウンドでの毎日を過ごしているからこそ、試合になっても勝負強さを発揮できる。これこそが智辯和歌山の強さの一大要因ではないかと思うのだ。

髙嶋仁の打撃論
「空中から来る球は空中に打ち返せ」

智辯和歌山といえば打撃のイメージをお持ちのファンの方も多いことだろう。6試合で60点を挙げ全国制覇した2000年夏には、チーム全体で11本塁打、100安打を記録。この一大会におけるチーム本塁打数、安打数はいずれも甲子園の歴代最多記録だ。また、1イニング3本塁打の甲子園記録も2008年の智辯和歌山が打ち立てたものである。

この強力打線を作り上げた髙嶋先生だが、小難しい打撃指導は基本的に行わない。しかも、その打撃理論はいたってシンプルなものだった。

「空中から来たボールを地面に打ち返すことがおかしいやろ。空中から来たボールは空中に打ち返せ」

つまり「ゴロを打つな」という指導に徹していた。そして無死一塁からヒッティングのサインが出れば、その意図は「7カ所のどこかに打て」という指示である。7カ所とはレフト線、レフトオーバー、左中間、センターオーバー、右中間、ライトオーバー、ライト線を指しているのだが、要するに「長打を打て」ということだ。

このサインが出たら、選手はまずどうやったら長打を打てるのかを考える。自ずと「ゴロを打ってはいけない」、「低めの球には手を出してはいけない」と考える。ゴロではまずセンターオーバーにはならない。だから髙嶋先生は「空中に打ち返せ」と言うのだ。

どうしても走者を確実に進めたい場合はどうか。「進塁打を打てと言うぐらいならバントをさせる」というのが髙嶋先生の方針だった。そうでない場合は、とにかくロングヒットを狙わなければならない。ちなみに僕は5月のデビュー戦から優勝した甲子園決勝まで、単打の一本も打つことができなかった選手である。当然送りバントのサインを送られることが多かったのだが、僕としてはバントを失敗するイメージがなかったので「これで怒られずに済む」と内心でガッツポーズを繰り出していた。

また、智辯和歌山といえば160キロマシンを打つことで注目を集めてきた。これにも狙いは多く込められていた。もちろん速いボールへの目慣らしではあるが、正しいスイング軌道を覚えさせることに対して絶大な効果があったと思う。智辯の打撃練習では20球まで空振りが許されている。しかし、入学したての1年生は全球を空振りしてゲージから出ていく。一方で先輩方はこれをしっかり打ち返している。誰も打てないならともかく、実際に打っている人が目の前にいるのだ。そこで「どうやったらバットに当たるのか」と考え始め、正しい軌道でバットを打ち下ろす工夫を始める。そして気が付いた時には、最短でバットが出るようになっていく。だから、下手くそな選手ばかりが１６０キロマシンのボールを打っていた。武内晋一（元ヤクルト）や西川遥輝（日本ハム）など、プロに行くような打者はあまり速いマシンを打っていなかったイメージだ。

髙嶋先生は「今年、全国で一番速いあいつの真っすぐを速く感じないため」と言いながら、最速マシンを打たせることで高速球に対応できるスイング軌道を作っていた。頭で考えることも大事なことではあるが、このように反復練習の中で体に沁み込ませるという方法を髙嶋先生は採ることが多かった。これは打撃以外にも共通して言えることである。

また、髙嶋先生はどんな試合でも事前にバッティングをしてから臨んでいた。それは地方大会でも甲子園でも変わらなかった。

もちろんこのルーティンにも意味があった。「一巡目」を重要視していた髙嶋先生は、試合開始のサイレンが鳴った時点で、すでに打順が二巡目、三巡目に入っているぐらいの感覚を事前に作っていたのだ。

圧倒的才能に囲まれた立命館大の4年間

高校卒業後は立命館大に進み関西学生野球リーグでプレーした。2度のリーグ優勝を経験し、全日本大学選手権や明治神宮大会にも出場することができ、非常に充実した4年間を過ごすことができた。

大学の野球は高嶋先生の智辯野球とはまったく対極に位置する自主性を重視する方針で、チーム全体でこれを徹底してやっていこうというよりは、調子の良い選手や能力の高い選手が試合に出るという完全な「能力任せ」の野球だった。

対戦する投手のレベルも高校時代とは比較にならない。上には上がいることをあらためて知ったし、中には打席に立つことに恐怖を感じてしまうほどの投手も存在した。全国の舞台では1学年上の〝松坂世代〟の投手とも戦ってきたが、九州共立大の新垣渚さん（元ソフトバンクなど）、亜細亜大の永川勝浩さん（元広島）、木佐貫洋さん（元巨人など）、日大の館山昌平さん（元ヤクルト）は「ちょっと距離が近くないですか」と感じるぐらいのボールで、思わず尻込みしてしまいそうなほどの迫力だった。真っすぐはやはり新垣さんで、永川さんや木佐貫さんが投げるフォークの落差も凄かった。2学年上には青山学院大の石川雅規さん（東京ヤクルト）もいらっしゃった。ベンチから見ていると平凡なショートゴロばかりで「なんでこのボールを打てないの」と思っていたが、実際に打席に立つと打ってもショートゴロになる球しか投げてこない。このように、全国を代表する超一流の技術に驚かされてばかりだった。

身近なところにもズバ抜けた才能を持った選手がゴロゴロいた。僕が入学した時の4年生が山田秋親さんであり、平本学さんである。プロアマ合同で出場した2000年のシドニー五輪にも出場し、その年にドラフト1位でダイエーに入団した山田さんは、当時の「大学ナンバーワン」と称された右の本格派で、キャッチボールのような力感から放たれるMAX153キロの真っすぐが最大の特徴だった。平本さんは150キロ超の真っすぐを誇るサイド右腕で、高速スライダーの変化量が一番の持ち味だった。ふたりの1学年下には自由獲得枠でオリックス入りした左腕の小川裕介さんがいたし、僕の3つ下には金刀憲人が希望入団枠で巨人に入団している。また、僕の入学と入れ替わりで卒業された左腕の田中総司さんは、ドラフト1位でダイエー入りしている。僕と同い年の松村豊司はオリックス入りし、1学年下には2019年シーズンで現役を引退した広島の赤松真人がいた。関西で戦った同世代では日本生命から阪神入りした投手の渡辺亮、当時は近畿大のエースだった糸井嘉男（阪神）が同級生。1学年上に同志社大で首位打者を獲るなど活躍されていた前楽天監督の平石洋介さん（現ソフトバンクコーチ）、1学年下には近大の藤田一也（楽天）もいた。とくに僕と同じショートを守る藤田の存在は目の上のたんこぶだった。彼がいるかぎり、ベストナインは獲れない。僕も4年春に3割超の打率を残したが、藤田はその数字を1割近く上回っていく。守備も素晴らしく上手かった。それはもう、ムカつくほどに上手かった。身体能力を活かしてぴょんぴょん飛んだり跳ねたりするタイプではなかったが、とにかくすべての動きに無駄がなく、捕球したらまず100％アウトにした。「どうやったらミスするんだろう?」と思って見ていたが、寸分の隙もなかった。

そういった圧倒的な才能に囲まれた日々は刺激的であり、野球選手としての学習の場としてもこれ以上ない環境だったといえる。

箕島球友会でクラブ日本一に

大学卒業後は社会人野球でのプレーも選択肢にあったが、地元の和歌山に戻って就職した。社会人で野球を続けたとしても、もうプロの可能性はないことぐらい自分自身が一番よくわかっていた。僕は大学で野球を終えてもいいと思っていたので、迷いなく地元に帰ることを決断した。そのタイミングで声を掛けてくれたのが、住友金属和歌山でプレー経験のある元社会人選手が作ったクラブチーム「箕島球友会」だった。地元に根を張るスーパーストアが和歌山出身の若い年代を集めて、これから野球に力を入れていきたいという。しかもそのスーパーが社員として受け入れてくれるとのことだったので、僕はこのお誘いを喜んで受け入れたのだった。

高校時代のライバルや智辯和歌山の先輩も所属したオール和歌山出身の箕島球友会では、勝利を目指しながらも、のびのびと楽しくプレーしていた。クラブチームといいながらも、実態は「半社会人チーム」といった環境であった。野球部員はスーパーの魚、肉、野菜、日配といった各部署に配置され、朝の6時から15時まで勤務して夕方から練習する。僕の所属は野菜部門で、商品を陳列したり野菜をパックしたり、市場に足を運んだりもした。寒くなってくると野菜コーナーにネギやエノキを並べて鍋を連想させるような売り場をセッティングしたり、時には「いらっしゃいませ、いらっしゃいませ。本日のお買い得商品は……」などとマイクパフォーマンスをしたりすることもあった。空き時間には「野菜ソムリエ」の本を熟読するという毎日だった。

野球では「社会人チームに勝とう」というのが全員共通の目標だった。実際に日本選手権の予選などでは社会人の実業団チームにも勝っている。初めて出場した日本選手権は初戦でＨｏｎｄａに敗れた。クラブ日本一になるほどの強豪だったとはいえ、実業団チームとの力の差は歴然としていた。僕らは相手投手のボールに差し込まれると詰まらされてアウトになるが、社会人の選手はどんなに差し込まれても内野の後ろに持っていくだけの強さがあった。球際にしてもそうだ。プレーひとつひとつをとっても、体の強さの違いがすべてに見て取れるのである。

練習量の違いに加え、執念の差もある。結果を残すことができなければ「社業に専念しなさい」と、戦力外通告を受けるかもしれない。それだけのプレッシャーと戦っている選手たちだ。平日の活動が火・木・金に限られていたノンプレッシャーの僕らとは、試合に賭ける気持ちに差があって当然だった。現在の箕島球友会は僕らが所属していた当時よりもはるかに戦力を充実させており、人工芝を敷き詰めた専用グラウンドで毎日練習している。社会人野球の強豪が揃う近畿地区で奮闘する姿は、ＯＢとして非常に誇らしいものであり、僕としても大きな刺激をいただいている。

いろいろと発見も多く楽しい職場だったが、所属3年目に全日本クラブ選手権で日本一になり、その年の秋に社会人野球日本選手権への出場が叶ったことで現役引退を決意した。高校で日本一、大学でも全国大会に出場しベスト4、そして社会人になって日本一である。

選手としてはもう何もかもやり尽くした感があったのはたしかだ。

コンビニ店長時代に培ったマネジメント能力

スーパーを退職した僕は、実家のコンビニ経営を手伝った。実家は地元海南市で3店舗のローソンを経営しており、僕は研修を受けたのちにそのうちの1店舗で店長を任されることとなった。

バイト面接や商品の発注を行いながら、もちろん僕自身も店頭に立った。当時、もっとも苦しかったことといえば若者の身勝手なバイト休みである。ウチの店は基本的にふたり勤務で回していたのだが「今日はお腹が痛いので休みます」と、シフトに入る10分前に平然と言ってのける若者がじつに多かった。「お腹が痛いのは仕方ないんだけど、誰かに『代わってください』という連絡はしたの?」、「いいえ、していません」、「じゃあ、どうするの? 俺に入ってほしいということ?」といったやり取りは日常茶飯事だった。

また、万引き犯と追いかけっこをしたこともあった。怪しい人物が入ってくると、雰囲気でだいたいはわかるものだ。そういう時に裏で防犯カメラの映像を見ていると、彼らは案の定〝行動〟に及ぶのである。ただ、こちらとしては彼らが店を出ないことには声を掛けられない。彼らが一歩でも店を出た瞬間に「それ！」と追いかけるのだ。向こうも必死だから自転車に乗って猛然と逃げる。走っても追いつかないので、そういう場合は車で先回りをしてひっ捕らえるのである。

天候や近隣の行事に合わせて発注の判断を行い、廃棄を抑えるための策も考えなければならない。店長だから人を観察し、人を動かすことも求められる。コンビニ店長をやっていたのは3年間だが、僕にとってはマネジメント能力を磨くことができたという意味では非常に貴重な3年間だったといえる。

2010年秋に大分に来た時、どうしても仕事が見つからない場合はコンビニの仕事を探そうとも考えていた。ましてやオーナー研修も受講済みで店長経験もある。積極的に深夜シフトに入りたいと言えば、まず嫌な顔をされることはないだろうということも知っていた。しかも運がいいことに、僕がオーナー研修を受けた時、一緒に受講していたのが大分市内で複数店舗を経営しようとしていた方だった。実際、大分に来て最初の1週間以内にその方を訪ねている。僕の就職が想像以上に早く決まったために実現はしなかったが、その方は今でも球場まで試合を観に来られるし、時には差し入れを持ってきてくださることもある。

箕島球友会を辞めた直後に、僕は和歌山リトルシニアの外部コーチを1年間ほど務めている。すでにこのチームでコーチをしていた智辯時代の同級生に誘われたのが縁で、チームには僕より20年ほど先輩にあたる智辯OBの方もいらっしゃった。それを聞きつけたのが髙嶋先生である。「お前、中学校を教えるんだったらウチに来いや」となり、恩師の誘いを断るという選択肢を持たなかった僕はそのまま智辯和歌山の外部コーチとして雇われ、髙嶋先生の下で高校野球指導者としての第一歩を踏み出すこととなった。当時、20代でこれだけの経緯を辿って高校野球の指導者に辿り着く者も珍しかったのではないだろうか。

再会した恩師に学んだ「指導の根拠」

僕がコーチとして智辯和歌山のグラウンドに帰ってきたのは2008年の秋だった。ちょうど髙嶋先生が〝諸般の事情〟で四国の八十八カ所巡りをされている最中に、ご本人からいただいた「俺が帰ったらまた連絡する」という一本の電話がすべての始まりだった。やがて髙嶋先生が八十八カ所巡りを終え、復帰した10月に僕もグラウンドへ行くようになった。15時以降は智辯和歌山でコーチ。練習終了後に再びコンビニの深夜シフトに入ることも少なくはなかったが、チームの遠征には必ず帯同した。

髙嶋先生からの「何をどうやってほしい」といった指導に関する具体的なリクエストは皆無といってよかった。ここでも「好きなようにやってくれ」というスタンスだった。たしかにやりやすい環境ではあったが、初めて髙嶋先生の前でノックバットを振った時には、4球連続で空振りしてしまうほどに緊張したことを覚えている。

ある日のことだ。髙嶋先生が内野ノックを打っている。熱が入った時には2時間ぐらい平気で打ち続けるのだが、その間は外野ノックを打ち続けねばならない僕の方がたまらない。しかも、髙嶋先生が手袋を付けないから、僕も付けるわけにはいかない。手の皮はズルズルに向け、痛みを堪えるのに必死だった。これを見ていた人たちから「お前、手袋は？」と聞かれても「髙嶋先生の前で手袋なんかできないでしょ」と、首を左右にぶるぶる振って答えるしかなかった。結局、僕も髙嶋先生の教え子であることに変わりはない。正直に言って、当時はまだ「怖い」という気持ちが半分以上を占めていた。

それでもコーチとして髙嶋先生に仕えながら感じていたのは「ずいぶんと優しくなったなぁ」ということだった。そもそもお遍路の旅を済ませた後だから、考えることも多かったのかもしれない。昔のように厳しい指導ができない中で、どんな指導をされるのかなという興味があった。そういう状況の中で、現役時代には気づくことがなかった髙嶋先生の指導の根拠というものが、少しずつ見えてきた気もした。

髙嶋先生の言うことには、すべて根拠があった。指導者の言うことはどのチームでもだいたい同じだと思うが、発言に根拠がなければ生徒に対する説得力を持たない。生徒が「どうして？」と感じた時に、納得させるだけのこだわりを持っていれば、生徒も受け入れやすいのではないだろうか。たとえば、髙嶋先生の指導には「裏返しの理論」が含まれているから、生徒には浸透しやすかった。たとえシンプルであっても「空中に打ち返せ」と言えば自チームのバッテリーには「ゴロを打たせろ」。「低めの球には手を出すな」と言えば同じく自チームのバッテリーへの「低めを振らせろ」に繋がるのである。すべては「なぜそうする必要があるのか」を説明できているから指導も成立するのだ。

勇気を振り絞って直接質問をぶつけることもあった。「あの時はこんな指導をされましたけど、覚えていらっしゃいますか？」と尋ねると、たいがいのことは覚えていない。しかし「そんなことを俺が言ったんなら、こういう理由があって言ったんとちゃうか」と噛み砕いて答えてくれることもあった。こうしたやり取りは、教え子としては非常に嬉しいものである。

ただ、変わらないルーティンもあった。一例を挙げるなら、夏の和歌山大会期間中の過ごし方だ。たとえば14時頃の試合開始だとすると、まずは学校で普段通りの練習を行う。

やがて「そろそろ1試合目が終わるから出かけようか。早く着替えろよ」と声が掛かると、みんなで試合をしに球場へ行く。試合が終わると試合でできなかった反省点を克服するために、学校へ戻ってすぐに練習を再開する。このルーティンは決勝だからといって免除されるものではなかった。

まるで、夏の大会すら練習メニューの一環のようであった。「甲子園の決勝からすべてを逆算して考えている」という発想も含めて、たしかに「普通ではない」と思われる方も多いかもしれない。ただ、普通じゃないことを日常化してしまうあたりが髙嶋仁監督の「異次元」な部分である。そこは2018年夏に勇退されるまで、一貫されていたのではないだろうか。

第二章

明豊のチーム作り

「あの手この手」で形作られた九州最強軍団

「人間」を説き続けたミーティング

明豊に来て和田監督から全権を委ねられた僕が、まず着手したのは人間形成である。グラウンドでも寮でも、ミーティングの題材は「人として」という部分がほとんどで、寮でのミーティングは深夜2、3時にまで及ぶことも珍しいことではなかった。

というのも、野球部部長である僕の授業中に生徒同士が殴り合いの喧嘩を繰り広げるなど、信じられない振る舞いをする生徒も少なくはなかったからだ。中には夏の大会目前になって「川崎コーチ、僕は野球を辞めようと思います」と言ってくる3年生もいた。「なんでや？」と尋ねると、練習がしんどいと言う。「お前から野球を取ったらどんな人間になるんや？」と聞いたら「たぶん警察のお世話になると思います」と返してきた。「そう思うなら、なおさら野球を辞めたらダメだろう」と諭すと「そうですね。じゃあ辞めません」と、あっさり変心してしまう。当時はそういう個性ばかりが目立つ野球部だった。

ミーティングではまず「挨拶をしよう」、「時間を守ろう」、「掃除をきっちりしよう」という初歩的なことから始まり「グラウンド整備は1年生がやるのではなく、自分が使った道具は自分で片づけよう。自分が使った場所は自分で整備をする。自分のことは自分でやろう」、「目の前にボールが落ちていたら拾おう」、「扇風機が倒れていたら起こそう」、「無駄な電気が点いていたら消そう」、「人の嫌がることをしてはいけません。人からやられて嫌なことは絶対に人にはしないように」といった、人間として当たり前の行動を切々と説いていった。

「これらは幼稚園で教えてもらったことだからね。そういう人として当たり前のことから、ひとつずつ、きっちりやっていこう」と言って聞かせたのが、明豊における指導者生活のスタートだった。

「野球人としてグラウンドには覚悟を決めてこい。毎日が勝負なんだから」という話もよくしたが、もともとは野球に賭けて来ている生徒ばかりなので、練習は一生懸命に取り組んでくれた。ただ、ミーティングの内容が半年や1年ですべて浸透するとは最初から思ってもいなかった。実際に僕が来て最初に入学してきた生徒たちが3年生になった時点で、こちらの意図がすべて伝わっていたかというと決してそんなことはない。彼らが3年生になって迎えた夏は大分大会の準決勝で敗れているのだが、その試合も結局は人間的な弱さで負けている。

ここで実感したのは、積み重ねていくことで築かれる部の伝統がいかに重要で、それを構築するためにはいかに多くの時間を要するか、ということだ。試合をしながら「なんとかなるだろう」、「これぐらいやっていれば大丈夫かな。俺らはしんどいことをやってきたんだから」という甘えが、最後まで払しょくできないまま彼らは高校野球を終えてしまったのだ。たしかに以前に比べれば前進はしていたと思うが、こちらとしても最後まで追求しきれていない部分があったと大いに反省している。

やはり言い続けることは重要であり、それがやがては生徒間だけで語り継いでいけるようになると、それまでに積み上げたものが伝統となっていくのだろうが「ローマは一日にして成らず」の言葉があるように、我々指導者も常に根気強く言動を重ねていかなければならないと痛切に感じながらの数年間だった。

こちらの言っていることが浸透してきたかなと実感できたのが2015年。この時は生徒の中に、のちに福岡大に進む米安王貴という絶対的なリーダーがいた。米安は僕の話を理解し、それを生徒全体に噛み砕いて行き渡らせる役目を果たしてくれた。そして彼を中心に、生徒たちだけで行動に移せるようになってきた。僕が明豊で指導を開始したのが2011年、監督就任が2012年の秋だから、ミーティング内容の浸透を実感するまでに3、4年を要したことになる。実際に米安の代で、僕は監督として甲子園初出場を果たした。やはり人間教育の充実と甲子園という結果は、どこかでリンクするものなのである。

卒業時に米安が〝3年間で学んだこと〟というテーマでチームメイトに話をした時、「僕が3年間で学んだことは〝自己犠牲〟です」と言った。僕はそんな米安を素直に凄いと思った。僕は高校時代にそんな感情を持ったことはなかったし「自己犠牲」などという言葉を発することも絶対になかった。「米安はきっと社会で人の役に立つ人間になってくれるだろう」と感心した日のことを、今でも鮮明に覚えている。

認めて伸ばす
——生徒の自発性を引き出す方法

ひとつ育て方を間違えれば暴れ馬のままで終わってしまいそうな生徒もいたし、現在もそうした危険性をはらんだ生徒はいるかもしれない。ただ、子供はもともと素直である。とくに明豊に来ている生徒で、性根が腐っていると感じる生徒はいない。たとえ怒られながらも、どこかを認めてくれれば、それを意気に感じるという生徒ばかりだ。

僕は生徒を導くうえで「認めて伸ばす」というやり方を常に心掛けている。そう、褒めるというよりも、認めることが大事である。何かを指導しようとした場合、ただ「これをやれ」と押し付けているだけでは反発心を抱く生徒もいるだろう。とくに欠点や短所は目に付きやすいので、そこだけをダイレクトに指摘することで心を閉ざしてしまう生徒も少なくはない。だから僕は生徒に何かを伝えようとする時、核心に触れる前にワンクッションを挟むようにしている。たとえ欠点を指摘する場合であっても、まずはその生徒の個性として認めている部分を前提に話をしているつもりだ。「お前にしかできないことって、こういうことでしょ」、「お前のこういう部分を期待しているから、お前がいないとみんなが困る」とひと言添えるだけで、生徒は「俺のことを見てくれている」と安心して指導者の話を受け入れようとする。

こういうやり方に対して「たしかに、自分にはそういうところが足りていない。だったらこういうところに目を向けてみよう」と思い、行動に移してくれた生徒は過去にもたくさんいた。だから僕は個別に求めていること、評価していることを直接生徒に言っているし、「お前たちのことはいつも見ているよ」という部分は意識的に伝えようとしている。そんなに日頃から言うものではないし、決してそれを話術として持っているわけでもない。ただ、日頃からペラペラ言わないからこそ、いきなり「お前のこういう部分はいいと思うぞ」という短いひと言が、余計に沁みてくるのではないか。

人は誰しも「認められたい」と本能的に思う生き物だ。「褒められたい」というよりも「自分のことを見てくれている。理解してくれている」と思うことが、生徒にとっては何より前を向いて進んでいくための原動力になると思うのだ。また、そういう導き方をしていくためにも、個人ひとりひとりを毎日見ていないといけない。つまり、チーム全体ではなく個人個人を見ながらそれぞれの長所を探り、各個人に合った指導方法を考えていくしかないのだと思う。指摘してくれる人との信頼関係がなければ、いくら監督と選手とはいえ「はい、わかりました」と即行動には移していけないものである。

実際のところ、生徒は我々が思っている以上に自分というものを理解している。しかし、どこかに逃げ道を探しているから素直になれない。もし自分の親に「僕が使ってもらえないのは嫌われているからだ」と言う生徒がいたとしても「お前のこういうところはたしかに凄い。それでも試合に出られない理由って、何だかわかるか？」と尋ねれば、生徒は案外その理由を自覚しているものだ。中には「自分の足りないのはこういうところで、ある部分は能力的にまだ劣っている」と至って冷静に自己分析ができる生徒もいる。逃げ道を作ってそこに入り込もうとしている生徒をそのまま野放しにしておくのではなく、ひとつふたつと個性を認めることで素直な発言を引き出すことができれば、生徒は「自分にはまだチャンスが残されている」と意気に感じて行動に移してくれるだろう。

全力疾走は「美徳」ではない!
——選手が全力プレーを怠ってはいけない理由

大会前にメンバーに選ばれた生徒に「お前はいったい誰のために頑張るのか」と聞くと、だいたいは「親やいつも応援してくれる人、支えてくれる人たちのために頑張ります」と言う生徒が多い。それは決して間違いではない。しかし、僕が一番に求めたいのは「試合に出られない仲間のために頑張りたい」という返答である。同じように苦しい練習をしてきたにも関わらず、スタンドで応援に回る生徒たちがいる。そんな仲間に対する思いが何より優先されなければならない。ともに生活し、ともに苦しみを乗り越えてきた仲間のために頑張ってほしい。ホームランを打って思わず飛び出すガッツポーズは、ベンチに向かってではなく、応援席にいる仲間に向けてであってほしいと思う。

僕はすべてのことに根拠を付随させようとするが、それは全力疾走についても同様である。たしかに全力疾走は見栄えがいいし、見ている方も気持ちがいい。また、一般的に「球児は全力疾走するべきだ」といった声も根強く、いわば高校野球の象徴として語られることも多い。

ただ、僕が生徒に全力疾走を求める理由は他にある。全力疾走をしたくてもできない部員がスタンドにいる。「全力疾走すれば試合に使ってもらえるのなら、俺は喜んで全力疾走する」と思っている生徒ばかりだ。そういう野球部員がいる以上、打って全力疾走するのは当然のことである。「見た目がいい」とか「高校野球は爽やかじゃなきゃいけない」とか、本当に重要なのはそこではない。選ばれたメンバーには、チームの代表として相手と対戦する場を与えているし、チームの思いも託しているのだ。どんなに平凡なゴロでも〝なんとかセーフになりたい〟と思いながら、平凡なフライを打ち上げても〝頼む、落ちてくれ！〟と願いながら全力で一塁を駆け抜けることが、試合に出ている者が100％果たすべき責任というものではないだろうか。

大会が近づいてくると、メンバーは屋外でフリー打撃、メンバー外は屋内で打ち込みを行う。そんな時にはメンバーに対して「お前らは外で練習できるけど、室内でしか練習できない奴らもいる。お前たちがしょうもないバッティングをしていたら、室内にいる奴らは納得しないぞ」と必ず言って聞かせるようにしている。そういうことを言い続けているうちに、メンバーの振る舞いにも変化が表れるから面白い。メンバーのノックにメンバー外の生徒が入ると、たとえどんな平凡なプレーであっても、メンバーの生徒はここぞとばかりに盛り上げようとする。たとえそれが白々しくとも、試合に出ている生徒が出ていない生徒をフォローするという雰囲気は、チームにとって決してマイナスにはならない。

以前、イップス（極度の投球障害）で苦しむ生徒がいた。その生徒は真面目で素直な性格だけに、周囲もすごく気をつかっているのが手に取るようにわかった。それだけに、ノックで素晴らしい送球が出れば、全員がこれでもかというぐらいにその生徒を称賛するのである。しかし、当の本人はなかなか上手く投げることができないために、冴えない表情で日々を過ごしていた。それを見かねた僕は、ある日の練習でこんな言葉を掛けた。

「みんなお前が送球に苦しんでいることは知っている。お前は良い送球をしないといけないと思っていないか？　発想を変えてみたらどうだ？　お前が良い送球をすればみんなは盛り上がるでしょ。それならもっと送球でチーム全体を盛り上げたい。みんなを喜ばせてあげようと思ってやってみたらどうだ？」

その後、その生徒はどん底の精神状態を脱出することができた。発想の転換や言葉の使い方の重要性を再認識させてもらった一件だ。実際にここ数年は、個人の苦しみはみんなで乗り越えようという雰囲気がチーム内にはある。ランニングメニューが苦手な生徒に対して「頑張れ、あとちょっとだ！」という声をよく耳にするし、約束のタイム内でゴールできない生徒がいれば、他の生徒がその背中を押して走ってくれることもある。

試合に出ていない生徒も、褒められれば嬉しいし、認められれば意気に感じるものだ。

ある選手が飛び込んで捕球し、一塁へ投げた。これに対して試合に出ている生徒が「お前、凄いな！」と声を掛ける。そんな時、褒められた生徒はものすごくいい表情をするものだ。そこでは僕ら指導者が何かを言うより、生徒の中から「認める、褒める」発言が飛び出せば、その効果は数百倍にも及ぶと考えている。

メンバー外の生徒にチャンスを
――試合翌日に紅白戦を組む理由

本来なら大会中は試合翌日をオフにしてもいいと思うのだが、僕はあえて練習を休まない。なぜなら、メンバー外の生徒を練習させる絶好の機会にもなるからだ。前日の試合に出ていたメンバーは練習量を落とすので、メンバー外の生徒にとってはこの上ないアピールの場になる。だから大会中の試合翌日には、紅白戦を行うことも少なくない。

メンバーの生徒はボールボーイや審判を担当する。こちらがあえて「メンバーではない者たちが実戦の中でもう一度競争をする。メンバーのお前たちがどんな補助をすればいいのか。それぐらいのことは理解しているよね」などと言わなくとも、彼らは「俺、一塁の塁審に行くわ」、「じゃあ俺たちがボールボーイをしよう」と、積極的に動いてくれるし、チームメイトのためにと一生懸命になって取り組んでくれている。また、彼らは審判をしながらも試合中に好プレーが飛び出せば「ナイスプレー！」と自然に声掛けを行っているし、時には「お前、このボールを狙ってみたら」とアドバイスを送ることもある。

それらのやり取りは一見、メンバーの生徒が偉そうに映るかもしれないが、メンバー外の生徒たちは試合に出ている仲間と、試合の中で野球談議をしながら競争を楽しんでいるようで、チームの絆を深めるうえでも非常に大きなコミュニケーションになっている。監督に就任した時から明豊の野球部員はそういう生徒たちであってほしいと思ってきたが、最近になってようやく期待している形に近づいてきたと感じている。仮にメンバーが「じゃんけんで負けた者が球審に入ろう」という姿勢で臨めば、メンバー外の生徒は「俺らだってお前らの時に審判をやっているじゃないか」と反発し、チームの和は音を立てて崩れ去ってしまうだろう。幸いにも現在の明豊には、そうした雰囲気はまったく感じられない。

僕は母から「人の嫌がることをしてはいけない。人の気持ちを考えて行動しなさい」と言われて育ってきた。その影響もあって、メンバー外の生徒はどんな気持ちでいるのかということを考える。もし自分がメンバー外の生徒の立場だったら、同じ練習をしているのに試合に出ることができない状況をどう感じるだろう？　また、メンバーに選ばれている選手はどう振る舞うべきか。メンバーの生徒にはどんな言葉掛けが必要なのか。このように、両面から人の気持ちを推し量り、物事を考えることが、高校野球の指導者として何よりも大切だと思っている。

その考えからすると、生徒の気持ちを推し量るためにも、観察は極めて重要である。僕は教える時間以上に「見る時間」が大事だと思っている。

生徒との距離感、スタッフとの関係性

現在、僕と生徒との間にある年齢差は約20歳である。父親にしては若いし、兄貴といってもずいぶん上になる。選手たちがどう思っているかは知らないが、距離感としては少々微妙な部分がありつつも、僕がいることで一定の緊張感を与えなければいけないとは思っている。

一方で、僕はいまだに生徒と一緒にノックに入ることもあるし、打撃投手を務めることもある。それぞれの目的については先で詳しく述べようと思うが、場を和ませたいという狙いも含まれている。僕が現役の頃の髙嶋先生といえば、一定の緊張感どころか〝ド緊張〟しかなかった。ただ、このご時世ではなかなかそういうスタンスを継承しようと思っ

ても難しい。だから僕は生徒に冗談も言うし、時にはあえていじられてみることも必要だと思って接している。

また、現在の明豊野球部はスタッフが一様に若い。監督の僕が最年長の38歳で、部長の赤峰とトレーナーを務めてくれている濱永修次が僕の1学年下にあたる。コーチを務める木原裕飛が34歳、同じくコーチで寮監も務める豊田吉は27歳だ。なお、スタッフの中で明豊OBは木原のみで、赤峰が楊志館、豊田が広陵（広島）、濱永がPL学園（大阪）と、出身校もバラバラだ。それでもやりづらさを感じることはない。僕は案外気をつかう方なので「あれをしてくれ」、「これをしてくれ」という話はあまりしない。ただ、それぞれがミーティングの話を聞きながら、監督の考えに忖度してくれているのだと思う（笑）。

役割分担としては赤峰と豊田がバッテリー、僕は全体を見ながら木原とふたりで主に野手を見ている。誰が生徒に何を指導しようがそこも自由で「これ以外は生徒に言わないでくれ」というように、こちらが何かを制限することもない。僕ではない誰かの言葉で生徒が上手になるのであればそれでOKだし、同じ内容でも僕が言うより木原の言い回しの方が生徒に伝わるケースも山ほどある。そう考えると、僕は自分の指導にまだ自信がないのかもしれない。

指導者間のミーティングも、全員で綿密に行っているわけではない。「あのポジションに入ってくる候補は誰かな」とか「あのピッチャーの状態はどう？」という確認をする程度で、指導に関する細かい打ち合わせなども行っていない。練習の合間に交わす何気ない会話が、明豊の場合は、指導者ミーティングになっているという具合である。もちろん何か異変が起きた場合は、すぐに報告を上げてもらうようにはしている。

たとえば「あのピッチャーの腕の位置をどうしようか」という中で意見の割れることがあれば、最終的には監督である僕の意見が優先されることになる。指導者によって言っていることが違うという状況が、一番生徒を戸惑わせてしまう。したがって最終的には僕が決断し、監督としてその決断の責任を負うこととなる。

スタッフの間でとくに細かな約束事を設けているわけではないが「学校生活や寮生活をきっちりできない者には練習をさせない」という認識だけは共有している。授業中の居眠りだったり、自習時間に騒いだり、寮の掃除をサボったりといった小さな問題が発生しても、すぐに報告が来るようになっている。

そもそも、自分の器だけで良いチームができるとは思っていないし、僕自身が持っている器もさして大きなものではない。だからこそ、スタッフみんなの力を借りることで、ひとりでは小さな器もどんどん大きくなるのだ。

また、明豊のスタッフはひとりひとりのタイプも異なる。本来なら自分と同じタイプの人間を揃える方がやりやすいのかもしれない。考え方や発想がすべて同じである方が、指示も少なくて済むだろう。しかし、僕はそうは思わない。生徒にも様々な個性がある。そのすべてに対応していくためにも、指導者全員が同じ思考・発想ではいけない。中には僕が理解できない生徒の気持ちもある。そんな時は、他に生徒の気持ちを理解できているスタッフがいれば問題はないのである。

「いろんな角度から物事を見なさい」と言われるが、育ってきた環境や受けてきた教育によって、物事の見方にはある程度の偏りはあって然るべきだと思う。だからこそ、自分以外の人間による違う角度からの〝生徒の見え方〟を大事にしたいと思っている。

とにかく優先されるべきは、指導者の居心地の良さややりやすさではない。生徒にとって、何が一番必要なのか。生徒にとってのベストな環境とは何なのか。もっとも重要視しなければならない点はそれに尽きるのではないか。

スタッフとさほど年齢が離れておらず、指導者としてさほどの実績を残しているわけでもない駆け出しの僕を支えてくれているスタッフには、心から感謝したいと思う。

保護者との〝無風〟な関係

新入生が入ってくると、保護者の方にはまず「明豊高校」のスタンスを説明する。「野球がしたいのであれば、まずはきちんとした学校生活、寮生活を送ること。それができない生徒には、部活動をする資格が与えられません。学校も一生懸命力を入れて応援してくれていますが、どこまで行っても野球部も一部活動であるということに変わりはありません。我々もそうした学校の方針に従っていますので、そこは履き違えないようにご注意ください」と、最初の段階で周知しておく。

今の段階ではほとんどの保護者さんが僕より年長者だ。そもそも指導者の中では僕が最年長だから、スタッフ全員が保護者さんよりも年下のはずである。ただ、明豊に来てからは保護者さんとの間でトラブルが生じた経験が一度もないのである。基本的に保護者さんとの窓口は部長の赤峰が担当しているが、部長に対して接点を持っているのも保護者会長さんのみ。もちろん僕も保護者の方には挨拶をするし、部長不在の際には窓口として要件を聞くなどのコミュニケーションは取っている。保護者さんからの苦情がまったくないとは思っていないが、部長の方から報告を受けたことは一度としてない。

練習を見学するのは自由だが、見学できるスペースは決められており「練習中は子供さんに声を掛けないでください」ということもお願いしている。みなさんもチームの方針に従ってくれているのでありがたいかぎりだ。明豊で指導を始めた時は正直なところ保護者対応への怖さもあったのだが、ここまでは赤峰部長がしっかり対応してくれているおかげで、いっさいやりづらさを感じたこともない。出身地域では鳴り物入りの選手だった生徒も多いはずだが、それでも「どうしてウチの子を使わないんだ」という声はまったく聞こえてこない。その点でも、僕は大いに恵まれている。

約束を守れない選手が監督のサインに従うとは思えない

何度も繰り返すが、明豊の野球部ではきちんとした学校生活を送れない者の練習参加を認めていない。学校がそのような方針を打ち出している以上、一部活動に過ぎない野球部だけが例外を認められるということは絶対にあってはならない。もちろん何らかの問題行動が発覚すれば、練習は即座にストップをかける。

春の甲子園行きを賭けた2019年秋の大会中にも、練習中止となる事態が起きた。自習の時間に野球部員が騒いでいたということで、その日は全体練習のすべてをとりやめた。準々決勝前の大事な時期ではあったが、そこは野球部として徹底している。

また、僕は上級生が下級生を〝パシリ〟に使うことを固く禁じている。しかし、現チームが発足してすぐの頃「下の自販機でジュースを買ってきてくれ」だとか「このパンを温めてきてくれ」と下級生に命じている上級生の存在が発覚した。もちろんその日の全体練習は中止である。

そもそも下級生をパシリに使うことが、僕が常々言っている「自分のことは自分でやりなさい」という約束に反している。「たかがそれぐらいのこと」と言われるかもしれないし、実際にそういうことはたくさんあるのかもしれない。ただ、この日のミーティングで僕が生徒に言ったのは次のようなことだった。

「俺が『するな』と言っていることをするというのは『俺がこうやって打て』と指導しても、お前たちは実践しないということだよね。それなら俺が練習で何を教えても一緒やん。俺が『低めのスライダーを見逃して、高めに浮いてきた真っすぐを打て』と言っても、お前たちは言うことを聞かないんだろ？　日常の中の約束事を守るより、低めのスライダーを見逃すことの方が難しいぞ。それよりも簡単なチームの徹底事が守れないのであれば、指導するだけ無駄なのであとはもう好きにやって」

初めて聞いたとか、まったく聞いていないことで失敗するならまだ理解ができる。ただ、何度も言い聞かせている約束事を守らない者が、試合中のサインに従ってくれるとは、ベンチサイドとしてはにわかに信じがたいのである。「試合中も俺のサインには従わないんだろ?」と聞けば、生徒は「いいえ」と答えるだろう。「俺が〝バントをしろ〟というサインを送っても、お前はバントをしないんだろう?」と聞けば、やはり生徒は「いいえ」と答えるはずだ。しかし、チーム内の約束事に従わない生徒が、僕のバントのサインに「ハイ、それには従います。信じてください」と言ったところで、それは話が違うだろうということだ。

結局は教える側と教えられる側に信頼・信用がなければ、お互いに何も得るものがない。そういう状況では、どんなに練習をやっても自分たちの力にはならないのだ。だから「約束を守る」という当然の行動に対するしつけは、厳しくならざるを得ない。

UNO事件

2018年の秋には「明豊事件史」に残る一大事件が発生している。僕らが「UNO事件」と呼んでいる一件をまずは説明しておこう。

寮では試験期間などの例外を除き、23時に点呼、消灯と決められている。ある晩、深夜0時を過ぎてカードゲームのUNOをしていた4人がいたと、コーチの豊田から報告が入った。そこで僕はUNOをしていた4人に「今日の練習にUNOを持ってくるように」と伝えた。彼らはきっと没収されると思ったに違いない。

その事件が起きる直前に行われた新チームによる県選手権で明豊は中津東に敗れ、秋の大会をノーシードで出場することが決まっていた。その試合直後にも、やはり人間的な部分や生活の甘さがあったという話をしたばかりなのに、わずか2日後に事件は起きてしまったのだ。

グラウンドでのミーティングが始まり、僕は「なんで夜は早く寝なさいと言っているかわかるか?」と問いかけた。すると生徒たちは「体を作るため」、「次の日の練習に向けて気持ちを作るうえでも睡眠が必要」、「熱中症対策には睡眠が重要だから」などと次々に答えていく。一方で2日後には新学期が始まり、試験も待っている。僕は「試験勉強もしておきなさい」ということも言ってあった。

「お前たちは試験よりも体のコンディショニングよりも、UNOが大事なんでしょ。だったら今日の練習はＵＮＯにしてあげるから」と、ゲームに加わっていた4人に言った。リーダー格は部屋長になったばかりの大畑蓮だった。半年後のセンバツでベスト4入りに貢献してくれた140キロ超の右腕投手である。おそらく最上級生となって部屋長になった大畑は「よっしゃ。ＵＮＯをやろうぜ」と気分が高揚したに違いない。その気持ちも、ゲームに加わる下級生たちの気持ちもよくわかる。ＵＮＯをすること自体は別に問題でもなんでもない。しかし、チームの約束を破ることが、ゆくゆくはチーム力低下に繋がっていく。ましてや大畑は背番号「1」を争う重要な位置にいる。こうした小さな積み重ねが、団体生活を送っているチーム全体に迷惑を掛ける結果になってしまうということだけは、理解してもらわねば困るのである。

「今日の練習ではお前たちには好きなことをやらせてやる。ただし、ＵＮＯはマウンドのプレート上でやってくれ」と言って、彼らに2時間ほどＵＮＯをさせた。おそらくマウンド上でＵＮＯをした高校球児は全国を探しても存在しないだろう。ただ、彼らがマウンド上でしゃがみ込んでいることで、ノックもフリー打撃もできない。秋の大会を目前に控えた大事な時期に、他の選手は練習がしたくてもできないのだ。しかし「ＵＮＯをしてはいけない」と言うだけでは、おそらく何も伝わらない。ルールを破ることが、最終的には組織に悪影響を及ぼし、チーム全体にどれだけの迷惑を掛けることになるか。そのことを理解してほしかったのである。

エース退寮に隠された真の狙い

この一件の後、大畑には退寮してもらった。「別府在住なんだから、家も近いしいっそ寮を出たらどうか？　これからも野球は教える。だけど、人間形成の部分は親御さんの下でしっかりしつけられた方がいい」といった厳しい言葉を掛けたと記憶している。しかし、僕は決して感情的になっていたわけではない。そこにはひとつの狙いもあった。

大畑はもともと地元の別府出身である。それに大畑の家は飲食店を経営しているので、実家に帰れば寮とは違って自分の好きなものをたくさん食べられるし、食事量そのものが増え、体重がアップするのではないかと考えたのだ。大畑はどれだけ食べても太らない。将来的にはプロも充分に狙える素質を秘めているだけに、どうしても体重を増やす必要があったのだ。この当時の体重は184センチの身長に対してわずか66キロでしかなかった。以前から実家にいた方が良いのかもしれないな、と考えていた矢先のUNO事件である。「あ、ちょうどいい！」と、僕はこの一件を利用してさっそく手を打ったというわけだ。

狙いは見事にはまった。大畑はセンバツまでに体重を7キロアップさせ、最速137、8キロほどだった球速も147キロにまで伸び、センバツ大会屈指の右腕と呼ばれるまでに化けてくれたのだった。彼の存在なくして、2019年のベスト4進出はありえなかっただろう。

彼は甲子園の活躍もあって、東京六大学から声が掛かるほどの投手に成長した。進路はいろいろと考えた末に、社会人野球の西部ガスへ進むこととなった。2年秋の時点での退寮は結果的に大成功だったと言えるだろう。大学から誘いを受けた際、大畑は僕にこんなことを言っている。

「僕みたいな甘い人間が大学に行ってしまうと、きっと遊び惚けて、いずれは明豊高校にも迷惑を掛けてしまいます。ましてや東京ですから。それならより厳しい社会人という環境に身を置いて、そこからプロを目指そうと思います」

大畑自身がそういうことを言えるようになったのかと大いに感心したし、高校生の成長スピードの速さにあらためて驚かされることとなった。

ある生徒の退部

僕には忘れられない生徒がいる。その生徒は下級生の頃から三番・遊撃手のレギュラーで活躍し、ドラフト候補としても大きな注目を集めていた。ただし、野球の能力は抜群ではあったが、生活のことでたびたび指導を受けてしまう一面もあった。9回二死、あと一球の場面から逆転で敗れた2014年夏の大分大会決勝にもレギュラー出場していたその生徒が最上級生となり、名実ともに明豊の中心選手となった時、彼の生活面をしっかり立て直さないかぎりは、大事な大会でも同じことを繰り返してしまうだろう。チームの歯車が狂ってしまう可能性だってある。そこで僕は何度も彼と話をする時間を作った。

本当に頭の良い生徒だった。僕が彼の入念に手入れされた細い眉毛のことで指導した時も「大人は『人を見た目で判断するな』と言うくせに、どうして眉毛という見た目だけで僕のことを判断するんですか。僕はそういう大人を理解できない」と、まったく予想だにしなかった反論を浴びてしまった。完全な大人不審である。屁理屈には違いないが、その時に僕は「なるほど。たしかにそれは一理ある」と感じた。ただ、こちらとしても「じゃあＯＫ」と言うわけにもいかないし、たったひとりの例外を認めるわけにもいかない。僕はどういう指導が効果的なのかを考え、彼にこう語りかけた。

「毎日お前のことを見ているから、俺はお前の良さを理解しているつもりだ。しかし、これから学校の名前を背負ってテレビにも映る、新聞にも載るわけだから、そこは誰が見ても違和感のない格好でないといけないいんじゃないか。明豊の名前を背負って人前に出る以上、たとえ一度きりしかお前のことを見ない人からも〝明豊の代表〟として認められる人間にならなければいけないよ」と話すと、彼は簡単に「それなら理解できます」と納得してくれたのだった。

この生徒のように、口には出さないものの頭ごなしに指導されるのが嫌なタイプの若者が増えている。自分のことを認めてほしいと思っている彼らは、ただ丁寧に接してほしいと望んでいるのである。この時も僕は大した言葉を用いたわけではない。丁寧に向き合ったからこそ、彼は素直に聞き入れてくれたのだと思う。

当時、生徒の見た目や格好のことを指導する際に頻繁に用いていたのが、西武の監督をされていた伊原春樹さんの言葉だった。伊原さんは次のような言葉を選手たちに話していたという。

「１２０円、１５０円を使って電車に乗って観に来てくれる方がいるから、お前たちは野球をやっていられるんだ。そういう方々のおかげで今の自分があるのだと考えたら、俺たちは髭を伸ばしたり髪を派手に染め上げたり、チャラチャラしているわけにはいかないと思うはずだ」

その生徒はグラウンドに出てくれれば人一倍泥だらけになって練習するし、試合で使えば誰よりも結果を残してくれたのだが、やがて「ちょっと体調がすぐれないので」と言って練習を休みがちになっていった。夏は人間性の甘さで勝ち切れず、秋もセンバツまであと1勝に迫りながら九州大会で敗れている。その時、そのままの状態の彼をレギュラーで使い続ければ、夏は同じような負けを繰り返すなと思った。そこで僕は彼に言った。

「お前の能力が高いということは誰よりも俺が一番よく知っている。ただ、今の学校生活・寮生活や考え方が変わらないのであれば、春はお前を使わない。春にいきなり使われなくなるのはかわいそうだから、事前に言っておく。春まではまだ猶予があるし、お前自身が変わっていくための時間もたっぷりある。どうする?」

すると彼は「辞めます」と言って野球部を去り、学校をも辞めてしまったのである。

金髪にピアスの打撃投手

その生徒が学校や練習を休みがちになった頃に、寮で1時間ぐらい語り合ったことがある。すると彼は「明日は行きます」と言って練習にやってくる。そして誰よりも大きな声を出して練習し、ボールにも積極的にダイブを繰り返すのである。もちろんプレーのパフォーマンスは圧倒的であった。

普段の行動に問題があって主力メンバーから外していた頃に、モチベーション維持のために彼を一番・遊撃手で練習試合に起用したことがあった。試合前に相手チームと礼を交わしてベンチに戻ると、誰も打席に入ろうとしない。他の生徒に「あいつはどこに行ったんだ?」と聞くと「フットガードを取りに行っています」と言う。一番打者は相手投手がどういうボールを投げるのかを観察し、投球練習に合わせてタイミングを取ったり、スイングを掛けたりとやるべきことは山ほどある。ましてや練習試合で初めて対戦する投手ならなおさらである。彼は相手投手の投げるボールを一度も見ないまま、審判に急かされるように打席へと向かった。久しぶりの試合出場の第1打席に、おそらく一度もバットを振らないまま入っていたはずだ。ヒットが出なければベンチに戻ってきた彼に雷を落とそうと考えていたのだが、彼は初球のスライダーを捉えていきなりホームランを打ってしまった。直球ではない。キュッと曲がる初見のスライダーを、一振りでホームランにしてしまったのだ。そこで「また指導するタイミングを逃してしまった」と、僕も苦笑いするしかなかった。

それだけの選手だっただけに、さすがに彼が退部を申し出た時には「本当にいいのか？この代は甲子園に行く可能性も高いし、お前のことはプロも注目してくれているよ。プロを狙えるだけの能力があるのに、もったいないと思わないのか？」と、何度も引き留めようとした。しかし、彼は「僕のような人間がこのまま野球を続けると、この先もいろんな人を巻き込んで迷惑を掛け続けてしまうでしょう。監督さんにだって迷惑を掛け続けるかもしれません」と言って、決して翻意しようとはしなかった。その言葉を聞いた時に、心にグサッと来てしまった。こちらとしてはそれ以上掛ける言葉を失ったし、正直「かわいそうだな」と思った。「単なるわがままだ」と思う気持ちもあったが、17歳の高校生なのに、どうしてそういう発想に至ってしまったのか。良く言えば自分自身を冷静に分析できているのだろうが「こんな悲しいことを口にする子がいるんだ」と、もう同情するしかなかったのである。同時に、自分の無力さを感じずにはいられなかった。

一方で、この生徒にしても大畑にしても、人としての成長がなければ自分自身を客観視して言葉に換えることなどできなかったはずだ。自分という人格を冷静に見つめ、進路を選択し、そして決断する。そんなことができる高校生は本当に凄いと思う。僕が高校時代にそんなことが言えたかと聞かれても、絶対に言えていないと言い切れるからだ。

その後、彼は「誰とも接することがない無人島に行って、黙々と物作りがしたい」と言って学校を辞めていった。保護者の方からは「これだけ子供と話をしてくださった指導者の方は初めてでした」と感謝の言葉をいただいたのだが、僕の中には彼を辞めさせてしまったことに対する負い目だけが残った。彼のことが気になって仕方がなかった僕は、2015年夏の大分大会直前になって彼に電話し、あることを申し出ている。

「辞めてしまったとはいえ、俺にとってはお前がこの代の一員であることに変わりはない。だからチームメイトのためにバッピ（打撃投手）をやりに来ないか」

彼は快く引き受けてくれた。僕が迎えに行くと、髪の毛は真っ金金で、耳にはピアスも付けていた。短パンに金髪にピアスという、まるで高校野球のグラウンドには似つかわしくないいで立ちに一瞬躊躇したところはあったが、それでも僕は彼をグラウンドの中に引き入れた。もともと能力の高い生徒だったので打撃投手ぐらいなら簡単にこなせてしまう。選手たちは辞めてしまった生徒の登場に騒然としていたが、彼は1時間ほど黙々と投げ続けてくれた。同級生も久しぶりの再会を喜びながら、練習も大いに盛り上がった。これが夏の初戦前日のことだ。彼は翌日も球場に来て、僕らのことを応援して帰っていった。

この大会で、僕らは甲子園切符を手にすることができた。甲子園では何ひとつ見せ場を作ることがないまま仙台育英に大敗を喫したが、その時点では「あの生徒がいてくれたら」という発想は皆無だった。彼のいないチームで甲子園に出場したのだ。彼が辞めてしまったことで、チームは複数のコンバートを余儀なくされることとなったが、彼の代わりにショートに入ったのがセカンドを守っていた大庭樹也（専修大）で、大庭が抜けたセカンドには新たに辻啓太という選手が入っている。大分大会の決勝は高校日本代表にも選ばれたあの森下暢仁投手を擁する大分商に1－0で勝利したが、唯一のタイムリーを打ったのが、その生徒が抜けて出番が回ってきた辻だったのだ。

たしかに生徒の退部は残念なことではあったが、そのこと自体も、チーム内のコンバートで辻が台頭したことも、そして甲子園に出場したことも、大きな巡り合わせの一環だったのではないかと思っている。

同じ力であれば下級生を使う

髙嶋先生がそうだったように、僕も「同じ実力なら下級生を選ぶ」というスタンスで指導に臨んでいる。このことは、新入生の加入時や新チーム発足といった節目を迎えた段階で、生徒にも伝えている。

「ウチは毎年甲子園を狙う学校だからこそ、先に入学した、後から入学したなんてことはまったく関係ない。先に言っておくけど、仮に3年生と同じ実力を持った1年生がいたら、1年生を選ぶから」

僕は髙嶋先生の下で選手、コーチを経験してきたので、高校野球はそれが当たり前だと思ってきたし、他のやり方をまったくもって知らないのである。明豊に来てから和田監督に「好きなようにやれ」と言われたことで、僕はここでも髙嶋流のチーム作りを継承することにした。下級生をチームの中に入れて試合をしていくことで、上、下級生の間に競争が生まれ、学年に関係なく生徒の練習に打ち込む姿勢が違ってくるし、モチベーション自体も大きく向上する。

「下級生を優先する」ことで上級生の競争心を煽り、それがチームの総合力を高めた例として挙げられるのが、ベスト4入りした2019年のチームだ。前年秋に九州で準優勝してセンバツ出場を決めた際には、6人の1年生がスタメンを占めていた。多い時には7人が先発に名を連ねたこともあった。僕は冬の間に、当時の2年生たちにしきりとハッパをかけていた。

「お前たちの代で甲子園に行くといっても、実際は下級生の力で勝って、センバツで試合に出るのも下級生。こんな悔しいことはないだろう。こちらとしても、下級生で掴んだ甲子園だからといって、秋と同じ下級生で行こうとはまったく思っていない。さぁ、悔しかったら追い越しにかかれ」

こうした檄に応えられる素直な生徒ばかりだったので、冬から春にかけては上級生の多くがみるみるうちに頭角を現していった。龍谷大平安戦でサヨナラ安打を放った後藤は、秋は三塁ランナーコーチで、背番号は15。公式戦出場も1試合のみだった。後藤は持ち前のパンチ力と勝負強さを磨き続け、そのままレギュラーに定着して夏は正三塁手として欠かせない戦力となり、甲子園でお立ち台に立つほどの活躍を演じた。秋は背番号13で出場1試合、1打席1三振だけの青地七斗（龍谷大）も、冬の間に打撃力が大幅にアップ。センバツでは横浜の及川投手から勝ち越し打を放ち、習志野戦では飯塚脩人投手（早稲田大）からあわや本塁打の特大三塁打を放っている。もちろん冬を越した先に甲子園という一大目標がなければ、これほどの劇的な成長はなかったかもしれない。ただ、冬の間に上級生たちが諦めることなく競争に加わり、厳しい切磋琢磨の中で力を付けてくれたことに、この上ない喜びを感じるのである。

上級生を優先した唯一の例外はコーチ初年度。この時は意図的に3年生を厚めに編成した。2、3年後には監督をするからといって下級生を多めにメンバー入りさせてしまうと、生徒の不信感しか煽らない。チームが不安定な時期だっただけに、それ以上の面倒事を抱えたくなかったからである。

「野球は守りだ」がベース

普段からあれだけ「打たな勝てん」と言っている髙嶋先生が「結局は守りだよ」と言うのである。野球はアウトになって当然のスポーツだから、時間制限のない9イニング制で勝負しているのだ。アウトにならないことを前提としているスポーツであれば、サッカーやラグビーのように時間制限があって当然。野球はアウトになって当然なのだから、アウトにできる球を確実にアウトにすることが何よりも勝利に近づく手段だ、というのが髙嶋先生の持論だった。

言われてみれば、智辯和歌山の技術練習は毎回ノックから入っていたし、僕自身が守備で拾われた選手なのだから、どれだけ強打のチームを作っても監督が守備を重要視していたのは間違いない。

僕が監督となって感じるのは、たしかに甲子園に出ることだけを狙うのであれば、守り重視で充分だと思う。しかし、甲子園で勝つことを考えたら打撃力も必要だ。結局は両方が必要なのだが、たとえば甲子園に出場することを目標にしている公立校であれば、投手を中心とした守りを強化すれば甲子園出場までの確率は上がるだろう。

では、チームのベースをどちらに設定すればいいのか。僕は打力をベースに設定してしまうと、甲子園出場は遠のくのではないかと実感している。守備がベースにあるということは、どのポジションにもキャッチボールができる選手が揃っているということだ。最近の明豊は打力ばかりが注目されがちだが、勝っている時はやはり投手を中心とした守備力が高い時である。また、そういう年代は守りで使っている選手が打って活躍することも多い。逆に打つことを期待している選手が、守りで活躍することは極めてレアなケースだ。

僕が明豊で監督を始めてすぐの頃、創成館（長崎）との練習試合で目からうろこが落ちた。試合後の自主練が始まると、創成館の選手の多くがグラウンドに飛び出し、守備練習に取り組んでいたのだ。明豊の選手たちに「自主練をしなさい」と言えば、室内でマシンを打ち込むか空いたスペースでティーを始めるというように、ほとんどの者が打撃練習を行っていた。僕もそういうものだと思っていた。その後、数年間の明豊は守備力を前面に押し出したチーム作りを行っているが、モチーフになったのは創成館のスタイルだった。

創成館は稙田龍生監督の下で鍛えられた全国屈指の守備力を誇り、2013年のセンバツ以降で春夏5度の甲子園出場がある。2019年秋の九州大会でも準決勝で対戦した。この時は3－2で僕らが勝利することができたが、無失策で僕らの攻めをいなし続ける守備力はさすがと舌を巻くしかなかった。ある意味、以前の僕が「こういう試合をしながら勝ちたい」という展開になったので、試合自体も本当に楽しかった。ちなみに稙田監督は明豊の前身にあたる別府大学附属高校のOBで、九州三菱自動車で社会人野球の監督も経験されている。

スタメンを事前に知らせない理由

僕は事前に試合に臨むスタメンを知らせないので、ほとんどの選手が試合直前にその日のオーダーを知ることになる。前の試合の5回が終わったところで対戦相手とオーダー交換を行うが、まずはキャプテンが初めてその日のスタメンを確認し、その後チームメイトに伝えるというのがひとつの流れになっている。そのやり方は甲子園でも変わらない。

なぜそういう手法を取り入れているのか。それはベンチに入っているすべての者に、同じ準備をしてほしいからである。試合に出る、出ないに関係なく、ベンチに入っている者が準備を怠ってはいけない。スタンドに回る生徒がいる以上、ベンチに入っている選手にはそれだけの責任と義務がある。スタメンで出る心づもりとそれだけの準備をする責任があるのだから、それなら事前に伝えておく必要もないはずだ。

投手の場合は例外で、事前に伝えた方がいいタイプの子には前日までに伝えている。また、試合で投げてなくてフラストレーションが溜まっている生徒がいれば、試合後の片づけをしている時点で「次の試合は先発で行くぞ」と伝えることもある。もっと早めに知らせてやった方がいいと思う時もあるが、そこはタイミングを見て臨機応変に使い分けているといった具合だ。2019年秋の大分大会決勝で先発した狭間大暉には、当日朝の打撃練習をやっている最中に伝えた。四番打者でもある狭間は、打者として出場するものだと思って練習していたから、きっと驚いたに違いない。

このやり方は監督になって一貫している。選手たちはドキドキしながら試合当日を迎えることになるだろうが、直接本人に事前通告しなくとも、試合で使う予定の生徒には打撃練習中に「あのピッチャーはこういうボールが多いから、こうやって対策するんだよ」と語り掛けることが増えるので、まわりも本人も薄々感づいていると思う。僕が試合の2日前にシート打撃で投げる時には、試合に出る9人プラス3、4人ぐらいにしか投げない。だから練習前に「今日打つ奴はこいつとこいつと……」と指示している段階で、生徒の方も気が付いているのではないだろうか。

ギリギリまでスタメンを告げないことで、控え選手も臨戦態勢を作って試合を迎えられるようになる。2019年秋がそうだったように、代打率の高さもこうした取り組みと無縁ではないと確信している。

また、いつもはノックでライトに入る生徒に「今日はレフトに入っておけ」と伝えると「こいつがレフト?」とメンバーの間に緊張感が走る。そこで「明日はお前がレフトだから」と伝えてしまうと、もともとレフトにいた選手のモチベーションが下がってしまう危険性がある一方、こう伝えることによってレフトの選手の危機感と競争意識を煽ることもある。スタメンの構想をふわりとほのめかすことによって「こうかもしれない、ああかもしれない。だったら俺はこれをしておかないと。こういう準備をしないと」というように、選手たちに考えさせるよう仕向けているつもりだ。このへんのほのめかし方は雰囲気を見ながら入念にタイミングを計る必要があるため、マネジメント力、コントロール力が問われるところである。

模索し続ける生徒の導き方
——型にはめず本性を引き出したい

明豊では学生の本分を伝えること、つまり人間教育に主眼を置いた指導を行っているが、もちろん選手たちはそうした方針に従ってくれる生徒であってほしい。入学する前の時点で彼らの本質までは把握していないが、明豊に入ったらそういう心構えでいないとやっていけないという雰囲気は、常に作っておきたい。不思議と明豊に入ってきてくれる子にスレた子はいないし、こちらの方針をそれぞれのご家庭で理解していただけているからこそ、保護者さんからの苦情も入ってこないのではないかと思う。

ただ、指導をするうえで多少の物足りなさを感じることもなくはない。もちろん「良い子」であるに越したことはないが、それと「人間味を押し殺すこと」は少々色合いが違う。僕が髙嶋先生のノックを受けながら「捕れば文句はないやろ！」という気概をぶつけていたように、時には監督と戦っているような気持ちを持ってほしい場面もある。生徒の本性や野性を引き出すために「もっとかかってこい！」、「もっと表現してみろ！　悔しかったらその悔しさを出してみろ！」と、あえて厳しい言葉を浴びせかけることもある。

一方で僕は〝作られた厳しさ〟を求めていない。たしかに素直な子が多すぎるがために、勝負所で強さを発揮できるのかという声も少なくはない。僕もそう思う。しかし、向こう気の強さとか野性的な部分を出せない年代もやってくる。こちらとしては「野球が好き」だとか「嬉しい、楽しい、緊張している」というような喜怒哀楽や感情を出してくれる方が嬉しいし、指導者としてもやりがいを感じるものである。年代によって柔軟に指導法を変化させることをいとわない指導を心掛けている以上、その生徒の素ではない部分で作られたスタイルは求めない。「俺が右を向けと言ったら全員右や！」というチーム作りをすることは、この先もいっさいないだろう。

また、指導者が道理や根拠を伝えることができれば、生徒の管理にもそれほど苦労はしないのではないかと思う。「これを野球の場面に置き換えて考えてみよう。だからこういうことが必要になってくる」という話ができていれば、それほど神経質になって生徒を閉じ込めておかなくても良いのではないか。もちろん、上級生が下級生をパシリに使うといったような小さな問題を、早めに摘み取っておくことも大事である。また、そういう細かいことを初期の段階で見逃してはならないし、些細なことにも目をつぶってはいけない。

そもそも「甲子園に行きたい」、「甲子園で勝ちたい」という共通の目標を持っている集団なので「甲子園に行くために」と言われることで「人間性を鍛える重要性」も受け入れやすい。たとえ数学の解けない生徒であっても「甲子園」という言葉を引用させてもらうことで、こちらのメッセージをスムーズに吸収してくれるようになる。甲子園にはそれだけの力があるのだ。

ベンチ入りメンバーとキャプテン選考の基準

ベンチ入りメンバーは僕がすべて決めている。新チーム発足時から「能力があってもチームの規律を乱すような奴は選ばない」と伝えてはいるが、実際のところ最後の夏にそれを理由に選手がメンバーから外れた例は今のところない。もし、そういう生徒がいたとしても、それは僕自身がその生徒の指導をサボってきただけであり、生徒側に非はないのだ。生徒に非を擦り付けるという行為こそ、教育者としてもっともあってはならないことだと考えている。また「お前を外した理由はこうだ」と、結果が出た後に伝えることもあまりに気の毒だ。

以前、退部してしまった生徒の時のように、僕は「今後改善されなければこの先は使わない」と事前に伝え続けている。高校生なので失敗はあるものだと思っているし、失敗してもいいと思っている。しかし、そこからどう改善していくかが重要で、改善していく過程を僕ら指導者は常に見ている。その過程を重視しているからこそ「このままでは今後使わなくなる」という未来の話もできるのだ。

キャプテンの指名も僕が行っている。僕がキャプテンを選ぶ際の基準にしているのが、気分の浮き沈みがなく、日常生活が安定しているかということだ。つまり、人としての安定感を求めたいのである。プレーでの浮き沈みはこの際、関係はない。過去にもプレーで好不調の激しいキャプテンは何人もいた。ただ、生活面において気分の落差が激しい生徒を指名したことは一度としてない。

「明豊のキャプテンは大人しい子が多いよね」といった声も耳にするが、人間としての安定感を求めている以上、結果的にそうなってしまうのかもしれない。個人的にはギャンギャン騒ぎ立てたうえに気分屋な生徒よりも、一見大人しくとも冷静にまわりを見渡し行動していける生徒にリーダーを任せたい。最終的には学校や寮での生活態度、挨拶の仕方、振る舞いを見て判断している。

同じ挨拶をしているようで、不貞腐れていたり心がこもっていなかったりする生徒は、雰囲気ですぐにわかるものだ。こういうタイプの生徒は心のバイオリズムの上下動が大きいので、どうしても主導権を託すわけにはいかない。ただ、キャプテンには野球の面でもどんどん引っ張っていってもらいたい。だから僕は基本的にレギュラーから選出したいと思っている。

勝ちプランは常に接戦
――「想定外」を想定して試合に入る

近年は大分大会や九州大会だけでなく、甲子園でも打ち合いを演じる試合が増えてきた。3試合で24点を取った2017年の夏や、13点を挙げた2019年春の横浜戦がそうだったようにビッグイニングも目立っている。「明豊は派手な試合が多い」という印象を持たれている方も少なくないはずだ。

しかし、僕は常に4-3や3-2といった接戦をイメージして試合に入る。相手との力量差などはいっさい関係なく、全試合で9回を戦うことを想定し、終盤7〜9回をどうやって攻め、守り抜くかをシミュレーションしているのだ。たとえば「打てるだろう」と目論んでいる中で1点差のクロスゲームになれば、それは明豊にとっては想定していなかった試合展開となる。そういう意味では、2019年春の準々決勝で龍谷大平安と無得点のまま延長戦を戦った試合は、打撃が売りの我々にとっては本来なら「想定外」の試合だったといえる。結果的に「鉄壁の守備」を誇る龍谷大平安に勝利できたのは、我々が最初から「想定外」も想定して臨んでいたからではないだろうか。

何より最悪なのは、想定外の試合になったからといってパニックに陥ってしまう状況である。だったら最初から1点差の接戦を前提に試合に臨んでいれば、ベンチの中で落ち着きを失うことはないはずだ。たとえば「こんなに打てないわけがない」といった想定外の出来事に直面すれば、選手たちは当然パニック状態となる。また、チームのエースが試合の序盤でノックアウトされてしまった状況も一緒である。そこで選手が頼りにしている監督までが浮足立っているようでは、事態が好転することなどまずありえない。

10－0でも2－1でも、相手より1点でも多い状況で9回を終えることができれば勝利となる。勝利しても、内容が悪ければ反省をしなければいけない。負けてしまえばすべてが終わってしまうトーナメント戦で戦っている以上は、勝って反省できることを大いに喜ばなければならない。高校野球は勝って次の試合に進む以外に○印が付くことはない。最終的に1点でも相手を上回ればいいのだ。だから想定するべきは大勝試合ではなく、接戦なのである。

「後半勝負」に強い理由
——試合序盤は後半戦のための撒き餌である

２０１７年に夏の甲子園でベスト8入りした前後ぐらいから、僕が生徒に対して口を酸っぱくして伝え続けているフレーズがある。「後半勝負」である。実際、この年の天理戦に敗れた試合後に、僕は「明豊高校の代名詞といえば後半に強いチーム、粘り強いチーム、終盤での逆転劇……。誰もがそんな思いで迎えてくれるようなチームになっていきたい」と語っている。

「野球は後半勝負なんだ。後半に強いチームが勝利するんだ。後半に勝負するための前半であれば、たとえリードされていてもOKだから。後半に集中力が途切れないようなチームになっていこう」

そういう思いで臨んだ２０１７年夏は、3点を追う延長12回の二死ランナーなしから集中力を発揮して逆転サヨナラに持ち込んだし、準々決勝の天理戦は10点ビハインドの最終回に代打満塁本塁打などで4点差まで詰め寄り、甲子園球場に詰めかけたお客さんから盛大な拍手をいただいた。２０１９年春には龍谷大平安との延長11回１‐０の試合もあったし、２０１９年秋の九州大会では「勝てばセンバツが確定する」という沖縄尚学戦で、９回二死から3点差を逆転している。

最近ではグラウンドでの練習中にも「結局は野球って後半勝負だから。後半をどうするかだ」という発言が生徒の側から出るようになった。そういう意味では、明豊がやりたい野球というものが伝統としてチームに根付きつつあるのかもしれない。

逆に後半勝負を重視しているからこそ、１打席目が大事になってくる。後半に流れを持ってくるためには、初回にどういう入り方をしていくかが重要だ。たしかに試合の流れ上、先制することは何よりも大事なことだ。先制した方が自分たちのやりたい野球に持ち込めるのは間違いない。だからこそ、後半勝負を意識させる一方で、一巡目がいかに大事かも話さねばならない。僕は生徒に「後半に勝負するためにも、１打席目、２打席目を大事にしてくれ」と言っている。もちろん一巡目、二巡目に結果が出るに越したことはないが、僕の感覚の中では後半の勝負所で強さを発揮するための伏線が１打席目であり、言葉は悪いが後半勝負に持ち込むための〝撒き餌〟にも近い。

２０１９年の秋は二巡目になって打線が爆発することが多かった。言っていることが矛盾しているように聞こえるかもしれないが、僕としてはこれがなんとも不本意だった。やはり対応力を見せて、一巡目から畳みかけてほしいのである。ただ「一巡目から行け」と言っているからこそ二巡目に結果が出るのかもしれないし、最初から後半に打ってくれればいいと言って送り出せば、三巡目になっても結果は出ていなかったかもしれない。後半に勝負するためにも「一巡目から行け」と言い続けなければならないのだと、ここへ来てあらためて痛感している。

自力本願と他力本願
――〝かもしれない野球〟では日本一になれない

たとえば8回に3、4点差を追っていたとする。先頭が出塁した。まずは1点を返したいからバントで走者を進める。この考え方も理解できないわけではない。ただ、それが成功しても残り5つのアウトのうちに4、5点を取りに行かねばならなくなる。それは「ナイスゲーム」のための戦術で「勝ちゲーム」のための戦術ではないのではないか。

1点でも詰め寄って、相手にプレッシャーをかけたいという意見もある。しかし、それも点差を詰めることで相手のミスを誘発するかもしれないという、いわば〝他力本願の戦術〟に過ぎないと思うのだ。「あわよくば」という発想が前提にあるから、自力でひっくり返そうという意思が見えないのである。これも恩師である髙嶋先生の教えが僕にそういう考えをもたらしているのだが、たしかにじわじわと詰め寄り、こつこつと小技を成功しているうちに、相手はプレッシャーを感じ始めてボールが手に付かなくなるかもしれない。しかし〝かもしれない野球〟では日本一にはなれない。結果的にたった3球のフライアウトで攻撃を終えても構わない。ただ「あわよくば、こんなことが起こるのではないか」という未来予測、希望的観測を抱いて野球をしているチームと、自分たちの手でひっくり返す力がなければ、とても日本一など望むべくもないと考えている集団とでは、根本的な違いがある。

「ゴロを打て」という指示も、相手のミスを期待しての指示に過ぎない。「捕る、投げる」それを「受ける」という3つのプレーの中に、相手野手がエラーする可能性が3プレーも生まれるのがゴロだ。これも「ミスをする〝かもしれない〟」であり「〝あわよくば〟良いところへ打球が飛べばヒットになる」という他力本願の指示なのである。髙嶋先生の指導は対極にあるもので「7カ所に打て＝長打を打ってこい」と言って選手を打席へと送り込むのだ。レフト線、レフトオーバー、左中間、センターオーバー、右中間、ライトオーバー、ライト線。この7カ所に飛ぶ打球は、勝利に繋がる一打になる可能性が高い。ゴロではスタンドインなど望むべくもないのだ。

1イニング3球で攻撃が終わってしまえば「淡白だ」、「相手投手もアップアップしているのだから、もっとボールをじっくり見ていけばいいのに」と言う人も多いと思う。たしかにボール球に手を出して3球で攻撃を終えてしまうのは問題だが「良い球が来たら打ちに行かな」というのが髙嶋先生の野球である。好投手ほど打てる球は一球あるかないかだ。その一球を打ちに行かない手はないし、それを打ち損じたのだとしたら打てるようになるまで練習すればいい。「相手に球数を投げさせて、へバッてくればウチにもチャンスはある」という考え方も他力本願の最たる例である。そもそも毎日の練習の中で行っている打撃練習は、最初から相手投手が疲れてきたボールを想定して打っているわけではない。相手のベストボールをいかに攻略するかという練習をしているはずである。

状況が刻々と変化する試合の中で、当然いろんな作戦は出てくる。しかし、相手がどうこうではなく、スポーツ選手であればどんな逆境をも跳ね返し、相手を力でねじ伏せるだけの能力を備え、磨き続けるべきではないだろうか。そうした髙嶋先生の方針に、僕は大いに共感している。

「幹と枝葉」の関係

――ひとつの指示で複数の思考を

「生徒主導で生徒に考えさせる」と言えば聞こえは悪くないが、「幹」になる部分はやはり指導者が教えていかないといけないと思っている。幹とは文字通り指導するうえでの根幹の部分だ。枝葉を付けるのはたしかに生徒次第だが、幹がしっかりしていなければ枝葉も広がりようがない。枝葉の付き方は話し方や伝え方ひとつで違ってくると思っている。やり方は人それぞれだが、より多くの引き出しを持つためにも、何種類ものパターンを知っておくに越したことはない。

幹の太さや大きさは年代や生徒によって左右されるものではなく、基本的には不変なのではないだろうか。僕の幹になっている部分は、やはり髙嶋先生の教えである。自分と髙嶋先生を照らし合わせること自体がおこがましいが、枝葉を広げていくための考え方や方法論は人それぞれなので、髙嶋先生と僕では異なる部分も多いと思う。しかし、幹の部分に大きな違いはないだろう。

枝葉の広がりという意味では、たとえば打撃の中で気になるポイントがあったとする。

人の感覚は人それぞれなので、ひとりひとりにそのすべてを理解させようとするのは難しいし、結構な時間を要するものだ。僕が「バットがこういう出方をしている」と言えば「ということは、ここがこうなっているからそういうバットの出方になっているんだ。だったら、その前段階をこうしないといけない」というように、ひとつのことを伝えることで、何本もの枝葉を付けられる思考力が欲しい。だから僕はあまり生徒に付きっ切りで一から百までを指導することはない。

それは生活の面においても同じである。「俺はこう言ったよね。これを指摘したということは、あれもこれも関係してくるでしょ」と、全員を集めて話をしている。監督が何かひとつのことを言った時に、その言葉に付随するものにまで考えを巡らせることができるかどうかは非常に重要だ。そうした力が、最近は少しずつ付いてきたと感じている。選手たちが試合中に交わしている会話や選手だけのミーティングを聞いていると「そんなことまで考えるようになってきたのか」と感心することが増えてきた。こちらが「あ、それ言うのを忘れていた」というようなことも、選手たちが自発的に口にしているのだ。

枝葉が広がっていくことで、選手も指導者もそこに含まれた根拠を言葉に変換するようになる。さらに突っ込んだ言い方をするなら、言葉で表現できるようになった時に初めて自分の力になったと言えるのではないだろうか。指導のうえでも生徒の前で「甲子園に行くためにはこうすればいい」ということを表現できなければ、それは自分自身がその根拠を理解できていないということだ。もし自分がそうだとしたら、恐怖感を覚える。それぐらい言葉で表現するとは難しいことである。一流選手は自分の技術に対してこだわりがあるから、技術を解説させてもスラスラと言葉に変換できる。また一流の指導者も、指導の根拠を明確に言葉に置き換えることが可能だ。とくに指導者は言葉で表現することを諦めた時、もしくは言葉で表現することに窮した時にハラスメント路線へと進むのだろう。

「掴みどころがない」は褒め言葉だ

生徒に野性の開放を求めたい反面、監督である僕は対外的にすべての本性を曝け出す必要はないと思っている。僕の高校時代のチームメイトに聞けば「え、川崎が監督？　絶対にないでしょ」と言うだろうし「絢平が指導者？　あいつ、どうやって指導してんの？」と驚かれるに違いない。どちらかといえば、物事を理論立てて人前で喋るキャラではないと思われているだろうし、もちろん高校や大学時代からいろいろと考えて野球はしていたが、それを人前でペラペラと喋るタイプではなかった。どちらかといえば人見知りな方で、これだけ自分の考えを述べるようになったのは監督になってからである。

大分県内でも他校の指導者からは「川崎ってどういう人間なの？」、「何を考えているのかわからない」と思われているはずだ。僕自身が狙ってそういうスタンスを取っているのだから、まず間違いないだろう。腹の中をすべて曝け出して「あいつはこういうタイプの人間だ」と評価されることも嫌だし、そうする必要もないと考えている。ただ、最近は食事の席でも自分の考えを口に出すようになってきたので、初めて食事をした方から「意外だ。よく喋るね」と言われることはある。

掴みどころがないと言われるなら、それはそれで構わない。僕自身が指導は流動的であって然るべきだと考えているので、むしろ「掴みどころがない」は褒め言葉である。B型で気ままな人間だから、大会中に髪を切りに行くこともあるし、験《げん》もいっさい担がない。僕が考える験担ぎとは、準備してこなかった部分を自分以外の何かに頼るという感覚がある。「いやいや、俺はそんなものに頼らなくてもしっかり準備してきたじゃないか」と、いつも自分自身に言い聞かせている。

しかし、目に見えないものの力は僕も信じているので、験担ぎをされている方がいるのは当然のことだとも思っている。実際、僕も指導の中で「野球の神様」に降臨していただくことも多い。ただ、生徒たちにはこうも伝えている。「大会に入って急に何かをお願いしても、野球の神様は何も聞いてくれない。神様はお前たちがずっと継続してきたことを見ている」と。もちろん試合中に「神様、お願いします！」という場面はたくさんあるが、だからといってその場しのぎの神頼みはしないし、験を担ぐこともない。

一方、最近ではメディアに取り上げていただく機会も増えてきた。取材について、僕はすべてウエルカムである。もともと僕自身が凄い選手ではなかったので「ウチのチームに興味を持ってくれている。こんな僕でも取材してくれるというなら、いつでもどうぞ」というスタンスなのである。やはり人から注目されたり、関心を持ったりしていただけることは喜びでしかない。大人であっても「人に認められているんだ」と少なからず実感できるのだから、断る理由などないのだ。

また、大会前だからといって取材を断ったり、取材時期を限定したりすることもない。取材が来ているからやりたいことができないとか、逆に取材が入っているのでいつもと違うことをやろうという考えも僕の中にはない。ただ、僕がノックを打つ間や打撃練習を間近で見たい時は、そっとしておいてほしいこともある。そこはこちらもあえて口には出さないので、呼吸として察していただければありがたい。あくまで理想は僕が取材対応していようが、どんなにまわりが騒ごうが、生徒たちがやるべきことを自ら理解して、能動的に行動するチームである。

第三章

負け＝進化の時

敗戦をいかに挽回してきたのか

敗戦から何を学ぶか

試合に負ければ「悔しい」というレベルでは語れないほどの気持ちに押しつぶされそうになる。僕が現役当時は、試合に負けた後に学校へ戻り、すぐに練習するという髙嶋先生の気持ちを理解しがたい時もあったが、監督となった今ならその理由もよくわかる。じっとしていられないのである。

現状に足りないものがあって負けてしまった以上は、すぐに動いて敗因をつぶすための練習をした方がいい。ゆっくり休んで敗因を考えようなどとは思わないし、休もうにも寝付けないのだから、それなら体を動かしていた方がマシだ。いや、体を動かすだけでは物足りない。今までのやり方で負けてしまった以上は、何かを変えなきゃいけない。

負けてなお、自分たちが貫いてきたやり方やチームの伝統に固執する方も少なくないとは思うが、世の中は万事流動的なものだと思っている僕は、変化することをまったく躊躇しない。むしろ負けたら新しいことにトライしたいと考えるタイプだ。そういう意味では、負けることが活力になっているし、未知の世界へ踏み出すためのエネルギー源になっているのは間違いない。

もちろん勝っている時もそれは一緒で「今年はこれで勝ったから、しばらくはこのスタイルで行こう」といっても、年代によって生徒の性格も能力も刻々と変化しているのだから、常に進化していこうという姿勢は必要だと思う。

僕ら明豊は、いくつもの悔しい負けを経験してきた。しかし、結果的にはそのすべてがのちに勝利を得るための教訓となったし、自分たちを強くするための成長促進剤にもなった。少なくとも明豊は甲子園や九州大会、大分大会で味わった悔しい負けを無駄にせず、チームの足腰強化に転換してきたという自負もある。

この章では過去に味わった印象的な敗戦を題材とし、僕らが何を学び、どう乗り越えてきたのかを紹介し、負けから変わっていくことの重要性を述べてみたい。

2014年夏の大分大会決勝

明豊 5－6 大分
土壇場で顔を覗かせた人間力

2014年夏の大分大会は、初戦から準決勝の9回まで無失点を続け、守備でも無失策を継続。準決勝では前年夏に敗れていた大分上野丘にも快勝し、前年のベスト4を上回りいよいよ甲子園出場に王手をかけたのだった。

決勝の相手は、最速150キロ超を誇る佐野皓大投手（オリックス）を擁し、この年の春の九州大会でも8強入りしていた大分だ。試合は両チームが四つに組み合い、6回を終えて1－1の同点。7回表に明豊は2点を失ったが、その裏に3点を挙げて逆転に成功。8回にも効果的なダメ押しの1点を加え、2点リードで最終回の守りを迎えた。簡単に二死を取った。甲子園まであとアウトひとつ、そしてあと一球にまで迫った。しかし、相手打者が放ったなんでもない一塁ゴロがベース前でイレギュラーして出塁を許してしまう。続く打者がライト前に運び、二死一・二塁。しかし、打席に入ったのは本来五番を打つほどの強打者にも関わらず、この大会ではわずか1安打と大不振をかこい苦しんでいた八番打者だった。僕らにも多少の油断があったかもしれない。一塁走者の生還さえ許さなければ大丈夫という状況で、伝令を出し「長打警戒」という指示を出したにも関わらず、〝あと一球〟という思いから無意識に前のめりになっていた外野陣を後ろへ下げることを怠ってしまったのである。打球はセンターのグラブをかすめて越えていき、走者ふたりが同点のホームへ。延長10回には佐野投手に勝ち越しタイムリーを許し、まさかの逆転負けを喫してしまうのだった。

結果的には人間の未熟さが出てしまった。日常生活の行いがああいう局面では出てくるし「まさか」と思うようなことが起きてしまう。この時も「このくらいやっていれば大丈夫だ。あと一球ぐらいなんとかなる」という甘い考えがあったのだろう。もちろん選手に非はない。詰めの甘さ、徹底の弱さを払しょくできないまま夏に臨んでしまったのは、完全に僕の責任である。野球の神様から「まだ甲子園に行ってはいけない。お前にはまだ早い」と言われている気がした。「野球の神様」や「目に見えないもの」の力を意識し始めたのはこの敗戦からである。

力がないと言われた年代の生徒たちと決勝に行き、佐野投手をあと一歩まで追い詰めたことはたしかに自信にしていい。しかし、それはあくまで僕個人の問題であり、その夏に賭けていた生徒たちにとっては「善戦」などはまったく関係のない話である。彼らにしてみれば、僕個人の成長などはどうでもいい話で、甲子園という結果だけを欲していたはずだ。そういう意味では非常に申し訳なく思っている。

「あとひとつ」への挑戦と思わぬ副産物

突き付けられた「あとひとつ」の壁はとてつもなく大きなものだった。その後、生徒に対しては今まで言い続けてきたことを、さらにしつこく言うようになった。つまり、人間レベルの底上げを徹底的に行うことで「あとひとつ」の壁を打破しようと考えたのだ。

夏に喫した二死、あと一球からの逆転負けを、事あるごとに生徒たちに向かって投げかけ続けた。どうしてああいうことが起きてしまったのか。二度と同じ過ちを繰り返さないためにはどうすればいいのか。すると生徒の中に変化が表れた。ランニングで「あと一周」、打撃練習で「あと一本」、投手なら「あと一球」、ノックでは「あと一歩」というように、生徒の方から練習の中で「あとひとつ」を要求するようになっていったのだ。

彼らにも、あの夏の負けは相当な危機感を与えたのだろう。

「今ここでこの一本を克服しておかないと、壁は乗り越えられない」

主将となった米安を中心に生徒が一体となって課題に取り組んだ結果、あらゆる局面に対する執着心が養われていった。秋の大分大会は初戦こそ2－1と重苦しい展開となったが、その後は5試合で48得点を挙げるなど打線が奮起した。大会を通じてベンチが仕掛けた策のほとんどが成功している。まさに会心のトーナメントとなった。

九州大会では準々決勝で糸満（沖縄）に敗れた。勝てばセンバツ出場がほぼ確実となる大事な試合で、僕らは再び「あとひとつ」の壁に前方を遮られてしまうのだった。しかし、夏の負けとは少々意味合いが違っている。

試合は序盤から糸満ペースに。しかし、敗色濃厚の9回に4点差を追いつく驚異の粘りを生徒たちが発揮してくれたのである。延長11回に力尽きてしまったが、それ以前にはあまり記憶にない後半勝負のシビれる試合を経験できた。そういう意味では、数年後に明豊のお家芸として定着する「終盤の粘り腰」を、大一番で初めて発揮した試合と言っていいのではないか。「あと一歩での詰め」という部分で課題は残ったが、当時の生徒たちの頑張りが、明豊野球部の伝統のひとつを創始したと言ってもいいのかもしれない。

2015年夏の甲子園

明豊 1-12 仙台育英

欠如していた「ふたつの強さ」

とにかくショッキングな負け方だった。情けない思いをしたし、むしろ恥ずかしいという感覚に近い負け方だった。初回に平沢大河選手の本塁打を含む6長短打で5失点を喫し、終わってみれば20安打を浴びて12失点。おまけに大会新記録の10二塁打まで許してしまった。一方、明豊はわずかに4安打。7回に代打のタイムリーで1点を返したが、まさに「公開処刑」と言っていい内容に終始してしまった。

あの敗戦後に痛感したのは、甲子園で勝つためにはふたつの強さが必要だということだった。ズバリ「体の強さ」と「勝負強さ」である。あれだけの大舞台で対戦する初顔合わせの投手を、一球で仕留める体力と集中力があるかどうか。そこが仙台育英との一番の差でもあった。また、甲子園に出場することを目標にしているチームと、甲子園で勝つことを目標にしているチームとの違いをあらためて実感した。

そういう意味もあって、大会後には「良かれ」と思うものであれば即座に取り入れた。

管理栄養士の指導による食トレを導入し、本格的にウエートトレーニングに取り組み始めたのもこの頃である。

食トレはメーカーの方に来てもらって、生徒全員に講義してもらうところからスタートした。生徒によって不足している栄養素は異なるが、それらはメーカーの指示する「強化食」によって必要な栄養素を補うのである。

また、学校がウエート設備を充実させてくれたこともあって、専門のトレーナーと契約を結びトレーニングの指示を受けるようになった。トレーナーの濱永は大分県出身。現役時代は投手でＰＬ学園を卒業している。中学時代はボーイズリーグ九州代表でもプレーし、内川聖一選手（福岡ソフトバンク）が三番、四番を濱永が打った。このように、濱永自身がバリバリの選手だったこともあって、野球選手の体にも非常に精通している。本格的にウエートに乗り出そうとしていた明豊にとっては、これ以上の存在はいなかった。

トレーニングに関しては、生徒の方でもそれ以前からインターネットで調べたり、動画サイトなどで学んだりしていたので、もともと「ウエートを始めたい」と考えていたようだ。ただ、食トレと同じで僕はウエートトレーニングも強制していない。また、他校のように「トレーニングの日」を設けているわけでもない。希望者は校内に設置されている器具を使って思い思いにトレーニングしているし、ひとりで追い込めない生徒は濱永のジムに行って特別な指導を受けている。

すべてのことに言えることだが、生徒がやりたいと思っていることをやらせてあげるのが一番だ。率先してやる者と指示されて動く者では、まず取り組むうえでの意識の高さに決定的な違いがある。生徒に「これをやりたい」という意思があれば、その環境を与えてやればいい。

一方、野球の練習で数をこなしながら、自ずと必要な筋力を上げていくことも重要である。「ノックを数多く受けることも筋力を上げるためには必要だ」という話も生徒たちにはしている。

2017年春の九州大会

明豊 0－10 福岡大大濠 6回コールド

自主性、主体性のススメ

相手は三浦銀二投手（法政大）と古賀悠斗捕手（中央大）という、この年の高校日本代表バッテリーを擁して、直前のセンバツでは8強入りしていた福岡大大濠である。最初から勝てるとは思っていなかった試合だった。というのも、大会直前に主力メンバーだった二遊間のふたりがインフルエンザに感染し、チームとしても万全の態勢で試合に臨むことができなかったからだ。当時の遊撃手は主将の三村鷹人（専修大）、二塁手が副主将の琉尚矢（立命館大）である。そんな最悪の状況で、高校球界屈指のバッテリーを攻略しようと思う方がどうかしている。

試合は序盤から一方的な福岡大大濠ペースとなり、0－10という仙台育英戦以来の大敗を喫した。明豊打線はものの見事に三浦投手と古賀捕手に翻弄された。頼みの四番・杉園が2打席連続の3球三振に倒れ、チーム全体でもわずか4安打を放つのがやっと。守備でも4失策を犯し、まるで良いところがないまま6回コールドで決着してしまったのだ。

僕はこの試合中、夏へと繋げるうえでミーティング材料になりそうな「大濠の良さ」がないかと、ひたすら相手の動きを観察していた。そこでいくつかの発見があった。たとえばショートの選手がサードの選手に向かって「そこ、前が荒れているから、ならしておけ」と声を掛けている。こういう些細な「気づき」こそ、チームの中に生徒の自主性や主体性が根付いている証である。試合に負けた後、僕は大学の先輩にあたる福岡大大濠の八木啓伸監督に電話を入れ、その日の夜に食事する機会を設けていただいた。

試合中に選手たちが気づいたことを言葉にしている。ただの声出しではない。声掛けである。この試合では、投手の暴投で相手の走者が二塁から本塁を陥れるシーンがあった。「どういう指導をしているのですか?」と、僕が八木監督に尋ねると、返ってきた答えはこうだ。「俺は何も言っていないよ。『キャッチャーの後ろが広いから、ふたつ(進塁を)狙える場面はきっとあるぞ』と、試合前や試合中に選手たちが声を掛け合っていた」。たしかにそういった生徒の主体性は明豊には欠けていた部分だ。

僕は大会後のミーティングで、福岡大大濠と明豊との間にあった大きな差、つまり自主性や主体性の差を生徒たちに話した。当時のチームは秋に大分県で優勝、春も優勝。頭を打つにはちょうどいいタイミングでもあった。

生徒を突き放した先にあったもの

僕は単純な方なので「ウチも大濠のような自主性、主体性を身につけたい」と考えたが、それらを備えるための方法がわかっていない。そこで打った手が「練習メニューを生徒たちに考えさせる」である。そう言えば聞こえは良いかもしれないが、僕としても初めての試みだったので内心は不安しかなかった。

4月末に九州大会が終わり、中九州高校野球フェスティバルなどの練習試合を挟んで、連休明けには夏のシードポイントを争う県選手権が控えている。「そこまでの2、3週間は俺から練習メニューの指示は出さないので自分たちで決めろ。『今日はこれで行きます』という報告だけを上げてこい。ノックを打ってほしい時はちゃんと言ってこい」と指示した。つまり、僕は練習の主導権を生徒に丸投げしてしまったのだ。

また「徹底力」を大いに意識し始めたのもこの時期である。生徒が練習を主導しながら「暴投してもいいけど、上に抜ける暴投は絶対にダメ」、「下がってのエラーはダメ」というように、自分たちでテーマを作って、それを徹底していこうとした。現在も打撃練習の中で「最初の5分間はセンターから逆方向に打つ」といったいくつかの決まりごとがある。こうした「ひとつのことを徹底する」という雰囲気は、福岡大大濠に大敗した2017年の3年生たちが作り上げたといっても過言ではない。また、これらは主将の三村を中心に、生徒間の話し合いの中から生まれた「徹底力」に他ならない。つまり、指導者からの「強制された徹底」ではないという点も多いに評価していい。

こういう形が定着してくると、自ずと「自分たちで決めたことぐらいは徹底的にやろうや」というチームになっていく。2015年世代の生徒も現在のチームに継承されている「後半勝負」の伝統を生み出したが、2017年世代も練習を丸投げされた結果、身につけた主体性の中から「徹底力」という新しい伝統を作ってくれた。しかも、今後も新たな伝統を上積みできるだけの土台を広げ、強くしてくれたのも2017年の3年生たちだったと思う。

こうして彼らは夏の前哨戦にもあたる5月の県選手権で優勝した。彼らが主体となって取り組んだ練習で、要するに彼らの力だけで獲った県優勝だ。僕は素直に彼らを讃えた。

「お前たちがやってきたことは間違いではなかったということが、これで証明された。ただ、甲子園で勝つということを考えれば、まだまだ充分ではないところもあるので、ここからはお前たちのやってきた練習にこちらがやりたいことを融合させて、最後の夏に向けて行こう」

彼らの打棒はそこからさらに神がかった。大分大会新記録の9本塁打、この夏の甲子園出場校2位のチーム打率・423で2年ぶりに大分県の頂点に立つと、甲子園ではミラクル逆転劇を連発しながら、明豊を8年ぶりのベスト8へと押し上げてくれたのである。

あの負けを克服するのに3年を要した

この年のベスト8は、生徒が高い得点力と試合終盤の粘りを発揮して掴んだものである。もっとも象徴的な試合が、3回戦の神村学園戦だ。5回までに濱田の2試合連続アーチなどで3点をリードしていた明豊だが、終盤にかけて神村学園の激しい追い上げにあう。

この年の春に九州大会で頂点に立っているチームだけに、神村学園の攻撃は執拗だった。3点リードで迎えた9回、二死満塁から二番の羽月隆太郎選手（広島）に走者一掃の三塁打を喫し、試合は振り出しに戻った。延長に入ってからも常に塁上に走者を置きながら、これでもかというぐらいの波状攻撃を仕掛けてくる。2番手でマウンドに上げた溝上勇（太成学院大）がなんとか踏ん張り続けたが、延長12回にはついに3点の勝ち越しを許してしまった。

その裏の明豊は四番の杉園から始まる攻撃だったが、四・五番がフライを打ち上げて簡単に二死を取られてしまう。しかし、ここから甲子園史に残るミラクルドラマが始まった。守備固めで途中出場していた松谷尚斗（桃山学院大）が打席に立つ。「最後に甲子園の打席が回ってきたんや。思い切って行ってこい！」と送り出した松谷が、まずはセンター前に運んだ。さらに七番の吉村建人（大阪工業大）がレフト前ヒットで続き二死一・二塁。ここで切り札の三好泰成を代打に送ると、三好はじっくりと四球を選び二死満塁となった。九番・管大和（東海大）の2球目が暴投となり、まずは1点を返した。管は168センチ、

62キロと小柄ではあったが、スピードボールにめっぽう強くパンチ力も備えた2年生の選手だ。管が叩きつけた打球は大きく跳ねて三塁手の頭上を超え、レフト線に転がっていく。この間に走者ふたりが還り、下位打線の活躍で瞬く間に同点としてしまったのだ。

そこから一番の三村が内野安打で出塁し、二番の琉が四球を選んで再び満塁に。ここで打席には絶好調の濱田が入る。濱田の長所はスイングスピードが他の選手より速く、他の選手よりもボールを長く見ることができるという点にあった。したがって、選球眼にも長けていた。カウント3ボール0ストライクからフルカウントまで盛り返されるも、最後は濱田がコースぎりぎりの直球をしっかり見極め、サヨナラの押し出しを選んだのだった。延長戦での3点差逆転勝ちは大会史上初だったらしい。あの延長12回の追い上げの際に、全方位から僕らを包み込んだ甲子園の声援と熱気は、今でも鮮烈に覚えている。

この試合の勝因こそ、生徒たちの手で磨き上げてきた「徹底力」にあった。最後の濱田が選んだ押し出しもそう。その前に逆転劇を演出するに至った、三好と琉が選んだふたつの四球にも言えるが、これらは「低めを振らない」という約束事を徹底できた賜物だ。

また、勝利目前の状況から複数点のリードを守り切れず、延長戦に突入し、先に勝ち越しを許してしまう展開は、2014年の大分大会決勝とまったく同じだ。つまり、一度崩れたところからもう一度立て直せるだけの力を身につけようと3年間言い続けてきたことが、甲子園という大舞台で形になったのである。２０１４年の負けを克服するのに3年を要したが、これを乗り越えて得たものは非常に大きかったと思う。

そういう意味では、２０１７年夏の神村学園戦は、今までにチームで積み上げてきた数多くのものが形になった試合だったといえる。やはり、高校生には自ら考えさせることが大事だと思った。そして、指導者が生徒に「こうあってほしい」ということを根気強く言い続ければ、最終的には理解して形にしてくれるということを、僕はこの試合で学んだのである。

2019年春の甲子園

明豊 4－6 習志野

「引き出し」のバリエーション

13点を挙げて大勝した横浜戦の後、札幌大谷戦が2－1、龍谷大平安戦が延長11回1－0と、打線が沈黙気味の中で迎えた準決勝は、表の先頭打者弾と五番・藪田源（福岡大）のタイムリー二塁打で初回にいきなり3点を先制した。これで本来の打棒を取り戻し、優位に試合を進めていけるものと思われたが、相手は試合巧者の習志野である。試合中は名物の応援に加え、機動力でじわじわとプレッシャーをかけられ続け、こちらがどんなにリードしていても、なぜかリードされているような錯覚に陥る。そんな不思議な感覚の中で終盤7回に同点とされると、8回表には3点の勝ち越しを許してしまう。裏の攻撃で1点を返したが、最後は高校日本代表右腕の飯塚脩人投手に反撃を断たれ、決勝進出はならなかった。

　習志野の野球は「強《したた》か」のひと言に尽きる。この試合でも明豊が3点をリードしていた3回に、二死一・三塁からダブルスチールで反撃の狼煙となる1点目を奪われた。もちろん相手のこうした攻め手は警戒していた。事前の練習でも相手のバントやディレードスチールなどの対策は行っていたが、ああも簡単に決められてしまってはかなわない。こちらの警戒のさらに上を行かれたわけである。得点シーンだけではない。中盤以降は相手バッテリーの臨機応変な配球に抑え込まれ、ゼロを並べている間に逆転を許してしまった。さすがは百戦錬磨の小林徹監督、と唸らされることの多い試合だった。

　しかし、僕が作りたいのは、王道を突き進むチームだ。相手がどんなに策や仕掛けを施してこようとも、力でこれを圧倒したいと思っている。だから時間を割いて習志野のような野球を追求してみようとは思わないが、そういう野球に対する防御のための引き出しや知識は必要だと強く感じた。また、どうやっても点が入らない時や、正攻法では相手投手を攻略できない時、あるいはあと1点でサヨナラ勝ちという場面などでは、ギャンブルを仕掛けて点が取れる引き出しがあれば、間違いなく勝利に近づくことになる。いくら強打線を作りたいと思ってはいても、年代によってはそういう野球で勝ちにいかなければいけない状況も出てくるだろう。

だから僕は「より多くの引き出しを持つという意味でも、そういう野球を知っておいて損はない」と生徒たちには言った。その後の練習試合で一・三塁から一塁走者がディレードを仕掛け、捕手が送球する間に三塁走者がホームスチールを決めるという点の取り方をしたこともある。だからといって、練習メニューの中でこうしたプレーを盛り込むことはない。僕の中ではあくまで「多くの引き出しを知っていて損はない」、「防御のためにも必要な引き出し」という領域に留まっている。

重度のセンバツ後遺症

噂には聞いていたが、ここまで深刻なものになるとは正直思ってもみなかった。ベスト

4まで勝ち進んだ2019年センバツの後、僕らは「ここからもう一度みんなで競争だ」と言って再スタートを切ったが、肝心のモチベーションが本来あるべき水準まで高まってこないのである。もちろん生徒も手を抜いているつもりはなく、それまで通りに闘争心を持って一生懸命やっている。しかし、4月の九州大会では甲子園に出ていなかった上級生をスタメン起用するなどして、チームに刺激を与えようと試みるも、それでもこちらが思うように震い立ってはくれなかった。その九州大会も、準々決勝で西日本短大付(福岡)に0-7の7回コールド負けを喫している。

センバツ後遺症は生徒だけの問題ではなかった。僕自身もセンバツ上位進出から夏へと向かう経験が初めてで、毎日が戸惑いの連続だった。5月の連休中に選手たちをAとBに振り分け、練習試合で全員にチャンスを与えメンバーを精査していく。そうやってもう一度チームを整理しながら夏に向かっていくのが従来の流れだった。しかし、センバツでベスト4入りしたことで、僕としても練習試合の結果にこだわりすぎてしまうところがあった。当然、まわりからも「甲子園4強」という目で見られるし「ベスト4のチームを相手に力試しがしたい」などと言われていくうちに、本当は練習試合でやっておくべきこと、試しておかないといけないことを置き去りにしてしまうようになった。周囲からの視線や期待を意識しすぎるあまり、僕自身の視野が狭くなってしまったと大いに反省している。

髙嶋先生には「そういう悪い状況をなんとかしていくのが監督であり、楽しさでもあるんじゃないか」と励ましをいただいた。誰よりも甲子園後の過ごし方を知っている髙嶋先生は「ウチだって年がら年中、状態が良いわけじゃない。むしろずっと良い方が気持ち悪い。この時期に落ちているぐらいの方がええんと違うか？　最後の夏に上がってくればええんやから」と言うのである。例年は落ち込む時期を6月ぐらいに作っている。平日の練習量を一気に上げて意図的に体力面を追い込んでいくのだが、2019年はこちらが仕向けるまでもなく例年より1か月早くどん底の時期が来てしまった。チーム全体がまるで真夏のようなダレた雰囲気にのみ込まれてしまったのだ。

だから、例年のように6月に入って追い込むことができなかった。これ以上に追い込んでしまったら、状態が上がらないまま夏を迎えることになるかもしれない。いつものように6月のどん底からV字回復させながら夏に入っていくルーティンを作れず、僕自身が困惑したまま時間だけが過ぎていった。

もし2020年のセンバツで再び上位進出することができて、前年と同様に生徒たちのコンディションが低空飛行を続けたら、その時は以前のように6月に追い込みをかけることになるかもしれない。6月の追い込みは、体力面より生徒たちの気持ちを一本化するうえでも必要なことである。「夏の前にあれだけしんどいことを全員で乗り越えてきたんだ」

というように、精神的統一を図るために避けて通ることはできない。生徒たちにそう言っていたにも関わらず、２０１９年はそれを行わなかった。結果的に夏は大分大会の準決勝で大分商に敗れた。追い込み不足の影響は少なからずあったと思う。

極度の左アレルギー

夏前最後の公式戦となる5月の県選手権は初戦で敗れた。僕らは「絶対に優勝する」という意気込みでこの大会に臨んでいた。というのも、このチームが県で優勝したのは前年秋のこと。春の大会はセンバツに出場したため、出場が免除されていたのだ。したがって、新シーズンになってトーナメントを制したという経験がない。夏を前に、どうしても「優勝」という経験値を手にしたかったのである。

相手は公立上位の情報科学だった。しかし、明豊は打線が思うように機能せず8安打で1点。初回に得点して以降は、相手の先発投手を攻略できず結局１－２で初戦敗退に終わってしまう。生徒たちに抜かりはなかった。となれば、この試合の敗因は明確である。試合後、僕は生徒たちに頭を下げた。

「試合への持っていき方を上手くコントロールしてあげられなかった。決してお前たちの怠慢などではない。明らかな指導力不足だ。ここまでお前たちの取り組みに問題があったとは思わないので、ショックを引きずることなく今まで通りにやってくれればいい」

ただ、以前から気になっていたことが、この試合でハッキリと露呈してしまったのも事実だ。「左投手アレルギー」である。この試合も相手の先発は左投手だった。最速120キロそこそこだが、どうしてもあと一本が出ないのである。

左投手との対戦が秋の大分大会決勝のワンポイント投手だけと極端に少ない中で、甲子園でいきなり横浜の及川投手と対戦した。「高校四天王」と騒がれてプロ入りした及川投手ほどの相手だったからこそ、僕は生徒に暗示をかけたうえで、開き直ってぶつかっていくことができた。しかし、その後は面白いように左投手を打てていないのだ。札幌大谷、龍谷大平安、そして習志野戦と、ことごとく左投手に苦しめられている。それ以降「左アレルギー」が完治することはなかった。夏に敗れた大分商戦でも、公式戦初登板の左投手を当てられ、完全にこちらの勢いを削がれてしまった。

もちろん練習では入念な左投手対策を実施しているし、練習試合でも左投手にはすべて左打者を並べるというように「左対左」対策も行ってきた。そうした取り組みが実ったのは、センバツ4強世代が引退した後になってからだ。申し訳ないことに、結果的には20

19年世代の夏までに間に合わせることはできなかった。

一方、県選手権で初戦敗退に終わった明豊は、この大会で優勝した日本文理大付に年間のシードポイントで逆転を許し、夏の第1シードの座を手放すこととなった。センバツ4強のチームが第2シードである。逆の見方をすれば、センバツ4強のチームですら第1シードが獲れない。さらに春の九州大会ではセンバツ出場の明豊と大分に加え、大分予選を勝ち抜いた大分工の3校が出場したが、史上初めて3校すべてがベスト8以上に進んでいる。それほど現在の大分県は競争レベルが高くなっている。

「自立・強か・謙虚」のスローガン

5月にはセンバツの主力組に故障者も出ている。それでも新しい戦力がポジション争いに加わるなどして、チームの雰囲気は決して悪くはなかった。あの年代の特徴として手を抜く生徒は誰一人としていなかったし、慢心を抱く生徒もいなかった。少々心配だったのはUNO事件の大畑だったが、そこはいつもまわりの3年生たちが「お前、調子に乗るなよ」と言って目を光らせていたので、大畑も驕っていられるような状況ではなかった。

センバツから帰ってきた日に、新しく「自立・強か・謙虚」のスローガンを掲げ「夏に再び甲子園に行こうと思ったら、この3つをどれだけ実行してくれるかだ」と伝えた。とくにミーティングで強調したのは「謙虚」という言葉である。

「学校初のベスト4を目指す」と言って、本当にベスト4へと進んだ。その結果を喜ぶことは構わないが、満足してもらっては困る。高校野球はなんといっても夏に勝たなければいけない。春に負けた時点から1ランク、2ランク、さらに3ランクとステップアップしていくためには何が必要なのか。そこでまず浮かんだのが「謙虚な気持ちを持って」ということだった。

習志野の校歌をベンチ前で聞きながら「ベスト4はもう過去のこと」と感じたし、そこから前を向いていくためにも、謙虚な気持ちで日々の練習に向かい合っていかなければ、夏は甲子園にすら届かないだろうと思った。もちろん僕自身にも言い聞かせたつもりである。前述のように、大分県全体のレベルが明らかにアップしている。とてもたかを括っていられる状況ではないのだ。

僕はすぐにこの「自立・強か・謙虚」の新スローガンがしたためられた横断幕を発注した。幕の色は習志野カラーのエンジ、その上に明豊カラーであるブルーの文言を並べるというレイアウトである。もちろん、習志野の上を行かないといけないという思いを込めたのだ。その横断幕はチーム全員の目に付く左中間フェンスに高々と掲げ、さらなる周知徹底を図った。

6月に行われた夏の大分大会の抽選会で、テレビのインタビューを受けた主将の表が「謙虚な姿勢で野球に向き合う」と強調していた。センバツを終えて大分に戻って以降は、直接声を掛けられたり、町で二度見されたりする機会が極端に増えた。おそらく僕以上に、生徒たちはそれを実感していたはずである。しかし、表を筆頭に生徒は天狗になることがなかったし、もちろんセンバツのベスト4に満足する者もいなかった。毎日のミーティングの中で「謙虚さを忘れるな」としつこいぐらいに言い続けたことと、決して無関係ではなかったと確信している。

「なんとかなる」は「なんともならない」

2019年夏の大分大会は準決勝敗退に終わったが、春に大きな結果を残したからといって、僕らが「受けて立つ」と身構えたわけではない。たしかに甲子園を経験する以前は、構えすぎて失敗することも少なくはなかった。相撲に例えるなら「受け身に回って立ち遅れる」といった状況とよく似ているだろうか。

たとえ劣勢の試合展開となっても「ウチの戦力なら、そのうちなんとかなるだろう」という気持ちがなかったわけではない。センバツの懸かった九州大会は、ベスト4に入るために少なくとも2勝が必要だ。まさに「たったふたつでしょ」という心境である。また、夏の大分大会でも「ウチが一番練習しているんだから、なんとかなるでしょ」という甘い考えがなかったといえば嘘になる。

九州大会では「たったふたつ」、大分大会では「あとひとつ」。それがたびたび跳ね返されていくうちに「〝なんとかなるだろう〟は〝なんともならない〟」と思うようになってくる。最初の2年間ぐらいは、まさにそうした状態を行ったり来たりしていたと思う。

そして甲子園を経験するたびに、甘い考えはどこかに消え失せていくし「受け身に回る」こともなくなってくる。甲子園の経験が重なっていくと、次第に時間がいくらあっても足りないと感じるようになる。たくさんの準備に余念がなくなるから、以前のような甘いことを考えている時間すら惜しくなっていくのかもしれない。僕自身に甲子園の経験がなかったら、立ち位置を見誤っていた可能性は充分にあったと思う。

また夏の地方大会前になると甲子園を経験している人たちは、決まって「この夏は甲子園の経験を活かして……」と言うものだが、僕は県の大会と甲子園はまったく別の大会だと思っている。甲子園の経験は甲子園に行かないと活かすことはできない、という考えが根底にあるからだ。たとえば大会への入り方、試合への入り方のスピードが甲子園と県の大会とではまるで違う。一度でも甲子園を経験していれば、試合に臨むうえでの心身の整え方や、時間に追われる中での準備のやり方などを、身を持って知ることになる。これらは甲子園での試合に臨むにあたって、非常に大きなアドバンテージとなる。だからこそ、甲子園経験者が在籍している間に、春、夏、春、夏、もしくは何年連続というように出場し続けなければいけないのだと思う。

逆の見方をすれば、球場の雰囲気もまるで県大会とは違うから、初めて甲子園に足を踏み入れたチームは試合をする以前に「いつものペース」を見失っていることが多い。甲子園経験が豊富なチームと対戦する場合は、それがハンデとなり精神的優位を保つことも難しくなるだろう。

もちろん甲子園経験者がいるからといって、それだけで落ち着いて大分県大会を戦うことができるわけではない。「甲子園で勝負したい」、「負けたら即引退」という目に見えないプレッシャーが、県大会では重くのしかかる。それほど、甲子園と県大会とでは趣が異なっているのである。

2019年秋の明治神宮大会

明豊 4-5 健大高崎

延長10回タイブレーク

敗戦後に増した言葉の効力

2019年秋は九州大会で優勝し、明治神宮大会に出場した。明豊としては2007年以来2度目で、僕が監督となってからは初の出場だ。初戦で関東王者の健大高崎（群馬）にタイブレークの末に敗れたが、「機動破壊」に代表される特色のあるチームと試合をしたことで、さらに明豊野球の幅を広げる必要性を感じることができたし、非常に多くの新発見もあって楽しく指揮することができた。

近年の高校野球で一大スタンダードを巻き起こした「機動破壊」の総本山だけあって、じつにしつこかった。三塁に走者がいる状況で、ベンチからマウンド上の若杉晟汰に「クイックで投げろ」と大声で指示するなんて、神宮に行くまでにはなかったことだ。それぐらい相手の三塁走者は左腕の若杉に対して隙を伺っていたし、天理との試合では実際に三塁走者がホームスチールを試みていた。

試合は甲子園での習志野戦を彷彿とさせる展開となった。初回に2点、2回に1点を挙げ、序盤に3点のリードを奪ったこと。その後、明豊が健大高崎の継投の前に決定打を欠き、ゼロを並べる間にじわりじわりと追い上げられたこと。相手ペースで終盤戦を迎えてしまったこと。すべてがセンバツ準決勝のリプレーを見ているかのようだった。しかし、センバツの札幌大谷戦、龍谷大平安戦のように、最近では「打てない試合」でも勝ち切っているのだから、決してこういった展開を苦手としているわけではない。ただ、習志野や健大高崎といった〝技〟を得意とする関東勢には相性が悪いのだろうか。この先、機会があれば是非とも甲子園で再戦したいものである。

新チームになって以降、ベストメンバーで臨んだ試合にかぎれば、練習試合を通じてもこれが初めての黒星となった。「日本一になる」と公言して船出した世代が全国の舞台で味わった敗戦は、僕も生徒たちもさすがに堪えた。ただ、負けを経験したことで、ミーティングで用いる「日本一」という言葉に重みが加わったし、その言葉が持つ効力も増してきたと感じている。そして「このままでは無理だ」と現実に立ち戻ることもできた。以前のように生活面で注意することもなくなり、目標に向かって生徒と指導者がさらに一枚岩となってきたのである。

甲子園に行けば、さらに強いチームが待ち受けていることもわかっている。しかし、僕らは神宮大会という各地区王者が集った大会でも、充分に戦っていけるという手応えを掴んだ。負けて得るものが大きい秋の東京遠征だった。

敗北の中にある「勝利に近づく最善の方法」

采配も生徒に対するしつけも「ひらめき」を重視しているわけではないが、僕自身が「ひらめき」を楽しんでいるところはたしかにあると思う。ＵＮＯをマウンドでやらせてみようとか、好投手対策でマインドコントロールを仕掛けてみようとか、いろんな方法を考えることに楽しみを感じるのである。

人の言われるがままに行動している間は、いざ失敗した時に自分で責任を負うことをしない。「だから俺はそうじゃないと言ったじゃないか」などと、結局は人のせいにしてしまうのである。その点、自分で何かを考え、それを行動に移すには、自分自身が腹を括っていなければいけない。過去の敗戦からチームが新しい次元へ進もうとしている時こそ、この「ひらめき」は大事になってくるのではないだろうか。

また「選手は1試合で何試合分かの成長をする。それが甲子園」と言うが、それは監督にとっても一緒だ。２０１７年の夏はヒヤヒヤの勝利ばかりだったが、とにかく勝ち続けることで多くのことを勉強させてもらった。もちろん勝ったからすべてがＯＫではない。たとえ勝利したとしても、すぐに次の試合がやってくる。同じ失敗を繰り返すなと、まるで神様からチャンスを与えられているかのように。

坂井との初戦も最後は逆転で勝った。続く神村学園戦も逆転勝ち。それは初戦を戦ったことで上積みされた経験値が活きたし、試合の中で見つかった課題を克服できたことを証明している。

「甲子園で勝って、次の試合に反省点を活かす」というのと「甲子園で負けて、得た反省点を地方大会に帰って活かす」というのでは、チームが吸収する栄養分の大きさがまったく違うと思う。甲子園での１勝は、それぐらい大きなことである。

一方、２０１９年夏の大分大会は大分商の左腕投手に苦しめられた挙句に敗れたが、秋に再戦した時はしっかりと左腕投手を攻略できた。同じ失敗を繰り返すことがないように、負けて浮き彫りになった課題をクリアしながら前進しているつもりである。甲子園でも地方大会でも、僕らは負けるたびに明確な課題を突き付けられる。それらをひとつひとつ克服していくことこそが、勝利に繋がっていく最善の方法なのだと僕は信じている。

ちなみに僕は「甲子園通算何勝」といった監督勝利数に関してはそれほどの関心を抱いていない。それに今の段階で通算勝利数を意識していたら、それこそ髙嶋先生から大目玉を食らうに違いない。しかし、坂井に勝って甲子園初勝利を挙げた時は、甲子園で1勝することの難しさをさすがに痛感したので、思わず髙嶋先生に「失礼ですけど、60勝以上って異次元すぎますよね」と言い放ってしまった。髙嶋先生の68勝なんて、僕にとっては空想の世界の数字に過ぎない。

それぐらいに、甲子園での1勝は簡単なことではない。2017年の夏は、明豊も大分大会でそこそこの打撃成績を残してきたと思っていた。一方、初戦で対戦した坂井は初出場。「なんとかなるかな」と思って試合に臨んだら、とんでもない。初出場の学校であっても、甲子園で対峙したらとてつもなく大きなチームに見えるのである。そういう空間で勝ち続ける歴戦の監督さんたちは、やはりとんでもない超人ばかりだと思う。

第四章

川崎流「技術論」

練習に仕掛けた無数のマジック

「普通」をとことんまでやりきる

ありがたいことに、最近はみなさんから「どんな練習をしているのですか？」と尋ねられる機会も増えてきた。ただ、特段変わったことはしていないと思っている。

そもそも野球の練習は、大体のメニューや流れが決まっているものだと思う。それに僕が智辯和歌山や現在の明豊で行っている練習しか知らないので、「特殊な練習をしているんでしょう？」と聞かれても、僕自身がいったいどういう練習を指して特殊というのかを知らないのである。自分たちのやっていることが当たり前だと思っているし、みなさんもきっと同じような練習をしているのではないだろうか。だから、僕としては「いたってノーマルですよ」と答えるしかないのだ。決して嫌味で言っているわけではなく「どんな練習をしているのか」と聞かれるたびに、自分の無知を思い知らされるのである。

ただ、練習は特別なことよりも、普通のことをどれだけ突き詰めてやれるかだと僕は考えている。また、そこにどれだけの考えを込めているのか。「普通」をとことんまでやりきれる集団が、じつは一番強いのではないかと思うのだ。だから、僕の中には特殊なことをして勝とうという思考がないのである。

監督という立場に立ってチームに何かを伝えようとした時、僕の場合は智辯和歌山でやってきたことを伝えていくしかなかった。では、智辯和歌山でやってきたこととは、いったい何だったのか。現役時代を振り返って捻出した答えが「反復練習」だった。OBの僕が思い返してみても、智辯和歌山も当たり前のことをやっていたに過ぎないのである。試合に勝つためにやらなければいけないことを選択して、それをどれだけ突き詰めてやれるか。そこに尽きるのだと思う。

だから、僕が「凡事徹底」を意識し始めたのは、監督に就任して以降である。生徒に何かを指導する時に、伝えたいことを回りくどく伝えたり、あるいは「あれも、これも」と広範囲に手を広げたりするよりも、確率のスポーツである野球において、その確率を上げるためにも「投げる、打つ、守る」といった基礎の反復練習に取り組むことが第一だと考えたのだ。

反復練習を続けるうちに「自分たちが勝つ方法はこれだ」というものも見えてくる。大分県でも2012年夏の甲子園に出場した杵築が、週3回のウエートトレーニングをこなして「自分たちが勝つ方法はこれなんだ」と、全員が同じ方向を向いていた時期があった。たしかにこういうチームは高校野球で勝てる。ただ、ある程度の力を持った私立であれば、普通に反復練習を追求していくことが甲子園への近道なのかもしれない。

この章では我々が日常的に取り組んでいる練習と、そこに込めている練習の真意、僕個人の技術的解釈を僭越ではあるが紹介させていただこうと思う。

前提は「走って守れて、動ける選手」
——傑作選手が証明したキャッチボールの重要性

練習の内容を紹介する前に、まずは僕が中学生の選手を見る時に何を見ているのか、どういった選手を必要としているのかを、あらためて記しておきたい。

やはり、僕自身が髙嶋先生からキャッチボールで見出してもらった選手なので、まずはキャッチボールをチェックする。ボールが指にかかっているか。自分の思ったところにコントロールできているか。それらが充分にできている選手であれば、キャッチボールだけを見て獲る選手もいる。

とくに重要なのは「投げること」である。中学時代までに悪い癖が矯正できていなければ、高校の2年半で立て直すことは非常に困難だ。肩は強くなくても構わない。ベース間でも構わないので、自分の投げたいところにきっちり投げることさえできていれば、それだけで充分だ。

高校に入学する以前の中学生を見ている時点では、みなが活躍してくれると思っている。しかし、高校野球の監督という立場で最終的に判断する材料となるのは「動ける選手」なのかどうかということだ。どんなホームランバッターであっても、ずんぐりむっくりして動けない選手では、こちらも二の足を踏んでしまう。打つ方は入部してからでもなんとかなるものだ。金属バットも進化しているし、施設と環境、指導者の力と本人の意識が伴えば、打ったぶん、振ったぶんだけ後付けでも力は付いていく。逆に肩と足については先天性の部分が影響してくるので、劇的に良くなるものではない。だからこそ、前提になってくるのは「走れる、守れる」ということになるのだ。

近年の代表例として名前が挙がるのは、2019年センバツ4強世代の主将・表悠斗だ。中学時代の彼は県内の軟式野球部で主に投手を務めていた。初めて彼のキャッチボールを見た時には「こんなレベルの高いキャッチボールができるのか」と、ちょっとした感動を覚えた。ズバ抜けて肩が強かったわけではないが、綺麗な回転で自分の意のままにコントロールもできていた。まさにピカイチのキャッチボールだ。

自分で言うのも恐縮だが、僕の若い頃とオーバーラップするのである。入学した当時の表を見ながら〝きっと髙嶋先生の目には僕もこんなふうに映っていたのだろうな〟と思ったし、キャッチボールはできるけどレギュラーになるとはあまり考えられなかったという部分も共通していたのではないだろうか。

表はセカンド、サード、ショートとどこでも守れるユーティリティさを武器に、みるみる頭角を現していった。最初は練習試合に連れて行き、守備固めとして出場するようになるが、明豊打線は終盤に爆発する傾向があるため、守備固めの表にも打席は回ってくる。そこで一本、二本とバットの方でも結果を残すようになった。投手としても130キロ後半の直球を投げていたため、2年夏には大分大会のマウンドにも立っている。主将となって出場したセンバツでは習志野戦で先頭打者アーチをかけ、大会後に発売された専門誌では二塁手のベストナインにも選出されるほどの選手へと成長してくれたのである。

キャッチボールができているから表はチャンスを掴んだ。そして「レギュラーはないかも」と思っていた監督の評価を覆し、主将となってチームを甲子園に導いてくれた。指導者としては「ちょっと苦しいかもしれない」と思っていた表を、一人前の選手に育てることができたのは大きな自信になった。僕にとっては、最高傑作の部類に入る選手のひとりである表のルーツにあったのは、やはりキャッチボールだったのである。

キャッチボールのポイント1

正しいテイクバックと「腕と顔の距離」

僕は毎日行っているキャッチボールを「練習の中でもっとも大切にしてくれ」と、生徒たちに伝えている。したがって、キャッチボールで手を抜くことは許さない。

キャッチボールを指導するうえで重要なポイントがいくつかある。まず、気を付けておきたいのはテイクバックだ。肘を上げる時にボールが外側を向いているか。中にはドッジボールを投げるかのようにボールが最初から投げたい方向を向いている者や、立ったままの手首が肘よりも先に上がってくる者も目に付く。そのまま腕を振ってしまうと肘は下がったままの状態ということになり、しなりが効かなくなる。何より故障の原因にもなるので注意が必要だ。

ペットボトルや紙コップを使って振り上げさせてみると、正しいテイクバックになっているかをチェックできる。この時、ペットボトルや紙コップには液体が入っていることをイメージし、親指が下、小指が上に来るように持ち、肘を上げていく。ここから胸を張って肘を旋回させていくのだが、正しい旋回ができていれば液体はこぼれずに済むし、間違った旋回をしてしまえば液体は頭上にこぼれ落ちることになる。

プロ野球選手でもたまに見受けられるが、中にはボールが内側を向いて上がってくる選手もいる。明豊にも以前そのようなボールの上げ方をする投手がいたので矯正に取り組んだが、3か月で諦めてしまった。その投手はボールが内側を向いて投げてもボールそのものは強かったので「特殊なタイプとして生きていこう」と言って従来のフォームを尊重した。しかし、これは極めてレアなケースだ。ひとつのポイントを矯正しようとすることで、全体のバランスを崩してしまうことがある。だからこそ、小学校、中学校のうちに正しい投げ方を覚えさせ、癖のある投げ方は矯正しておく必要があるのだ。

また、腕の角度についてだが、真上から投げ下ろす者がいたり、スリークォーター気味で振るのが自然だったりと個人差はある。チェックしたいのは、挙手をさせた時に腕がどの位置にあるか。その位置が本人にとっては一番楽に腕が上がる角度なのだから、一番力が伝わりやすいポイントにもなる。さらに、投げる時には腕と顔に距離がないと力のあるボールは投げられない。だから、スリークォーターで投げている投手に「真上から振り下ろせ」というと、腕の角度自体は変わらないから頭の位置と逆半身を倒す必要があるので、本人にとっては無理なフォームということになってしまう。打者がバットと顔との距離を一定に保っておかなければならないのと同じで、腕と顔との距離感も大事になってくる。

ちなみにキャッチボール全体をチェックする時には、手前にいる生徒たちよりも遠く離れた位置でキャッチボールを行う生徒たちを見るようにしている。基本的に手前にいるのは、普段から触れる機会の多い主力メンバーがほとんどだ。逆に、手を抜きたい生徒ほど監督から離れた場所に行きたがるのは今も昔も変わらない。ただ、遠くにいる生徒がすべて僕の目を盗んでいるわけではないし、明豊の生徒はみんな真面目に取り組んでいると信じている。信じているからこそ「どこにいても俺はお前のことを見ているぞ」というメッセージを込めて、遠くを見るようにしているのだ。

キャッチボールのポイント 2

すべては軸足に集約される

右利きの選手を前提に、さらに話を進めたい。捕球から送球へのステップを踏み出す際には、右足を前にクロスしてステップすることが基本である。送球コースの方向付けを右足で行い、正確な送球に繋げるうえでも前ステップは望ましい。

僕には「守備も軸足」という持論がある。ゴロ処理において、しっかりと軸足に体重が乗り胸を張った状態で捕球できていれば、その後に右足、左足と順序良くステップを踏むことができるはずだ。しかし、軸足に体重が乗りきれていない状態では頭が突っ込み、捕球姿勢も悪くなる。こうなれば、たしかに後ろへステップする方が楽にはなるだろう。つまり、捕球姿勢が悪いから前には踏み出せないのである。

僕は投げたい位置を捉えるスコープ（照準）は「軸足の膝の内側」だと思っている。前ステップであれば、照準は投げたい方向を一発で捉えるが、後ろステップの場合はそれが難しく、スムーズにスローイングへ移行できない。そのうえ、投げたい方向へしっかり肩が入らないからコントロールも定まらなくなる。だからこそ、まずは基本の前ステップを覚えておきたいのである。

また、下半身の指導をするうえで頻繁に聞かれるのが「開くな」、「インステップを治せ」といったキーワードだ。たしかに目に見えている部分だけを捉えて「開くな」と言うのは簡単である。しかし、目に見えている「開き」や「インステップ」はあくまで結果であって、結果についてあれこれ指導したところで何の解決にもならない。すべての結果には、原因がある。なぜ開いてしまうのか。なぜインステップしてしまうのか。その前段階にある原因の部分から解消していかなければならない。

「インステップ」を矯正したい時にはどうしても前足に意識が集中するものだが、僕は軸足ですべては解消されると思っている。結局、インステップしてしまう子は、ステップした側の足が着地をする前に、軸足の膝から上が前方に滑っていることが多い。右投手でいうなら、三塁方向に向かってズルッと滑ってしまうのである。これは打撃にも言えることで「開くな」と注意される打者は、ホームベースに向かって軸足の膝が滑るように出てしまう。ボールを投げるのも打撃も、軸足の内ももがさらに内側へ絞れていかなければならない。

明豊ではキャッチボールの段階から、軸足は投げたい方向にしっかり入れるよう指導している。「軸足で捕れ」という時もある。右利きの選手なら、体重を乗せるのも右足、投げる方向を見定めるのも右足、そのために踏み込むのも右足。つまり、すべては軸足なのである。

守備練習 1

ボール回しで確認したい「下から上へ」の感覚

「土のグラウンドではイレギュラーもあるし、バウンドが合わないこともよくある。捕球エラーはよくあることだ。でも、投げることとの正確さはとことんまで求めてくれ」というように、注意点を周知してボール回しに入り、その後ノックに移る。キャッチボールの項目で述べたように、ボール回しでは右足を踏み出すと同時に捕球する。つまり「右足で捕球すること」を再確認するのである。このステップワークを身につけることでボールの持ち替えがスムーズになるし、球出しのスピードもアップする。

そして、できるだけボールを下から捕りに行くという意識をここでチェックしておきたい。送球は「下から上へ」という動作の中で行うものだ。だから、下からボールを捕りに行くという感覚が必要になってくる。明豊でもいまだに上から掴みに行くような捕り方をしている者はいる。これはゴロ捕りだけではなく、カットプレーにおいても同じことが言える。前方から来るボールを下から捕りに行けば、捕球と同時にボールの位置が上がっているぶん握り替えも速くなり、強い送球にも繋がるのである。

これを上から押さえに行くということは、ボールとグラブが重力で落ちてしまったポイントで捕球しているということになる。その場合、捕球のために落ちた上体を起こした後に、もう一度送球動作を作り直さなければならない。ボールが低くて「上から下へ」の動きになるような場合は、捕球を遅らせてあえてバウンドさせる方が楽に投げられることもある。そして下から上がってきたところで捕球すればいい。ショートバウンドは送球動作と同じで下から上へという動きの中で上がってくるのだから、むしろ上から捕りに行かざるを得ないノーバウンドの低めより、格段に送球動作に繋げやすいはずである。もちろん、それができるようになるためにもショートバウンドを捕る練習は不可欠だ。

キャッチボールは一球一球を噛みしめるように動作確認できる。一方、ボール回しは「下から上へ」という動作をスピードに乗った状態で確認しなければならない。先にボールの下に入って送球へ。このイメージを作るうえでも、ボール回しは非常に有効なのである。

明豊では、AチームとBチームを行ったり来たりしている打撃力の足りない下級生を、ノックに入れることがある。中には「どうしてこいつが入っているの？」と首を傾げる生徒もいると思うが、理由は明白だ。送球の正確性が高いからである。そういう生徒は、ボール回しに入れても「右足で捕る」、「下から上へ」といった一連の動作がしっかりできている。また「例年ほどの力がない」と言われた世代が、なぜ2019年春の甲子園で学校最高の成績を収めることができたのか。それも送球精度の高さが群を抜いていたからだと、僕は断言できる。

守備練習2

ノックで取り入れたい近距離送球と脳内ウォーミングアップ

捕球と送球についての考え方を述べたところで、応用編へと進みたい。僕は守備範囲が広い選手よりも、普通の打球を普通にアウトにしてくれる選手を優先している。したがって、通常のシートノックでは打球を左右に大きく打ち分けることはほとんどない。捕球したボールできっちりアウトを取る。これは基本中の基本である。その部分はシートノックでも厳しく要求するし、生徒たちもキャッチボールの段階から正しい捕球、送球を身につけようと、意識して取り組んでくれている。

打球を左右に振るノックは、守備範囲を広げたい時、あるいはボールに対する執着心が薄いと感じた選手に対してあえて届かないところに打ち、どんな仕草で打球に食らいついていくのかを確認したい時に行っている。

シートノックや試合前ノックの場合、内野は一塁転送からスタートするチームがほとんどのようだが、僕は常に基本ゲッツーからスタートする。これは髙嶋先生のやり方を踏襲したものである。まずは短い距離の送球から慣らしていき、二遊間はスナップスローやトスでの送球を含めた細かい動きを最初に入れつつ、徐々に体を大きく使って送球距離を伸ばしていくという考え方だ。充分、理に適っていると思う。

試合前ノックの最終盤には独自のルーティンも入れている。強い打球を入れているのは、選手たちの反応を磨きたいからだ。だいたいノックの最後は前進守備になっているので、守っている方はどうしても一歩目をふわっと行ってしまうことが多い。しかし、至近距離から球脚の速い打球が来ると、とてもそんな余裕はなくなってしまう。その瞬間の反応スピードを付けるためのノックである。ただ、距離が近いぶん危険は増すので体の正面には打たない。横の打球に対して上手にハンドリングできているかどうかがポイントだ。

また、ここで同時に行っているのが「脳のウォーミングアップ」である。ノック終盤に前進してきている選手たちは走者一・三塁で中間守備という、ある意味もっとも守りにくい状況を作っている。実際の試合で走者一・三塁の場面になった時には、守っている選手たちを迷わせたくないので、よほどの場合でないかぎり僕は事前にバックホームかゲッツーかの指示を出す。それなのに、この守備隊形でのノックをあえて試合前に入れる理由は、次のようなものである。

速い打球が来れば二塁転送からのゲッツー、緩い打球は即座にバックホーム。打球の速さによって、転送先を瞬時に判断しなければならない。投げる側だけではない。ゲッツーならばベースカバーに入る方にも瞬間的な判断力が求められる。公式戦の試合前に、せめて内野だけでも頭の回転数を上げておきたい。野球は瞬時の判断を要するプレーが多いので、脳内のウォーミングアップを試合前ノックの中に組み込んでいるのだ。

守備練習 3

ダメージの残る被安打を撲滅せよ

試合前ノックの中にフライを上げる時間帯を設けている方は多いと思う。僕も終盤に内外野、そして捕手へランダムにフライを打ち上げているが、これは日々の練習のノックの中にも取り入れている「通常メニュー」だ。

「フライは捕れて当たり前」と思われがちだが、万が一に対する備えは絶対に必要である。そのうえ「打ち取った」と思った打球がポテンヒットになれば、投手にもチームにも大きなダメージが残ってしまう。高々と上がったフライならともかく、中途半端な高さで後方に上がったフライはとくに注意が必要だ。これをどれだけアウトにできるか、またはポテンヒットにしてしまうのか。ここにチーム間の守備力の差が出る。

髙嶋先生も「相手が好投手の場合、逆方向へのポテンヒットが多くなれば勝てる」と言っていた。ボールを最後までしっかり見て打ちに行ったからこそ、逆方向に飛んで野手の間に落ちるのだ、と。ここで裏返しの原理である。守っている側からすれば、そういうダメージの残るヒットを防がなければいけない。また、日頃からこういう打球への対策をしておけば、試合の中でフラフラと打球が上がっても「いつも練習しているやつだから大丈夫」と、選手たちは余裕を持ってプレーできる。試合中に選手たちが醸し出す余裕は、時に相手チームの戦意を削ぐ大きな力となる。時間をかけて万事に備えていれば、そういう副産物を生むこともあるのだ。

二遊間に対する見解も述べておきたい。ショート出身の僕は社会人時代になって初めてセカンドを守ったが、あらためてセカンドの仕事量の多さには戸惑った。打者がプッシュバントを仕掛けてきたら、自分で行くのか一塁ベースカバーに入るのかという瞬間的判断を求められるし、一・三塁から一塁走者がスタートを切って三塁走者の本塁突入をアシストしようとしている場合も、カギを握るのはセカンドだ。守っている間に圧し掛かるプレッシャーもショートの比ではなかった。野球を理解していなければ務まらないポジションだと思うし、コツコツ派で献身的な人間には最適かもしれない。そういう意味では、捕手と同じ特殊ポジションといっていい。

一方のショートは、B型でわがままで大した選手ではなかった僕でも務まったのだから、誰でも守れるポジションだと思っている。相手がセイフティバントを仕掛けてきても二塁ベースに入るだけでいいし、セカンドと違って送球方向もほぼ右から左。足の運びも変える必要はない。もちろん地肩の強さや三遊間のプレーに見て取れる身体能力の強さがあるに越したことはないが、基本的な動作ができて、送球が安定しているのなら、あとは数をこなせばなんとかなると思っている。これはどのポジションにも言えることだが、アウトにできる球を確実にアウトにしてくれればそれで充分だ。

守備練習 4
外野手にワンバウンド返球を求める理由とは

ノックで外野手を上げる際の約束は「ワンバウンド・ストライクバック」である。これも髙嶋先生の教えを忠実に再現しているのだが、ここにも練習でワンバウンド返球をしておかなければならない明確な理由がある。

高校生が練習で使用するボールはすでに使い込まれており、送球は伸びない。一方、試合になればボールは新球を使用するため、しっかりと指にかかり、外野からの返球は思いのほか伸びる。ということは、普段の練習でノーバウンド返球ばかりしていると、試合本番ではさらに上へとボールが逸れてしまう可能性があるのだ。ましてや、試合中は選手たちも無意識に力んでしまっているから、大暴投になりかねない。得点を阻止するための送球が大きく逸れるということが、いったい何を意味するのか。それはあらためて説明するまでもないだろう。

意味合いは多少異なるが、ノックの中で内野手にもバウンド送球をさせる時間帯を作っている。通常であれば間違いなくノーバウンドの方が速い球は行く。しかし、崩れた体勢を立て直し、ワンステップを踏んで投げるより、崩れた体勢からでもワンバウンドで投げた方が速いケースもある。時間をかけて強い球をノーバウンドで投げる、時間をかけずにワンバウンドを投げる。その両方をこなせるようにはしておきたい。また、この練習では送球する側はボールをバウンドさせる場所、捕球する側はバウンドの仕方や速さを確認しておくことが大切だ。

また、中継プレーにカットマンを2枚入れる場合「ふたりの間は何メートル間隔をキープしろ」というような数値設定はしない。ここでも僕は生徒を距離という単位の中でマニュアル化するのではなく、生徒のアドリブや瞬間的な判断力を優先している。物事は万事流動的なのだから、あらゆる出来事を想定して、それに対応できるだけの準備をしておかなければならない。ただ、マニュアル化しないぶん、生徒には「考えてくれ」と言っている。外野手の肩が弱ければ1枚目のカットマンの位置も変わってくるし、外野手の返球にシュート回転の癖があれば、そこも想定しながらポジショニングを取る必要があるからだ。もちろん考えなければいけないのは2枚目のカットマンも同じで、最初に返球する外野手も例外ではない。

外野手は基本的に1枚目にしっかりと返球する。ノックで外野手の返球が1枚目のカットマンを通り越し、きっちりカバーに入っていた2枚目のカットマンを経由して完ぺきな送球が返ってきたとしても、僕はもう一度打ち直す。なぜなら、それが外野手にとってのベストプレーではないからだ。外野手のベストプレーは1枚目のカットマンにしっかり返すこと。カットプレーにおいて最初にプレーするのは外野手だ。その外野手が1枚目にストライクを返すのは当たり前のことである。

最後に、ノックにまつわる話として、これだけは申し上げておきたい。僕は打撃練習を室内とグラウンドとに分けたとしても、ノックにはできるだけ上級生を入れるようにしている。高嶋先生も言っているように「ノックは対話」だと思っているからだ。たとえその日の練習中に一度も会話がなかったとしても、一日一度は対話がしたい。僕はノックで気持ちを伝えているし、生徒には「お前の姿勢を伝えてこい」と訴えているつもりだ。本当は多くの人間を入れてしまうとリズムが悪くなったり、雰囲気が停滞してしまったりすることもあるのだが、そんなことよりも大事なものがノックにはあると信じている。

打撃練習 1

強打線はスイング量によって作られる

最近は大分大会や九州大会だけでなく、甲子園でも得点力を発揮しているため「明豊は打撃のチーム」と見られがちである。しかし、僕の同級生や先輩方からは「お前、打撃じゃなくて守備キャラやったやん。いったい何を教えているの？」と思われているはずである。ただ、僕も高校時代から打てないなりに、いろんなことを考えながら取り組んできた。だから、打てない選手の気持ちはよくわかる。「なんでこの球を打てないんだ」と言われたところで、彼らは「打てないものは打てないんだ」としか答えようがないことも充分に理解している。そういう気持ちの上に立ち、僕は圧倒的な打力を身につけるべく試行錯誤を続けているのだ。

しかし、打撃練習でも何か特別なメニューがあるわけではない。「なぜ打てるのか？」と聞かれても、答えようがない。そもそも打ち方なんて千差万別であり、正解なんて存在しないからだ。もしその正解がわかっているなら、明豊は毎年のように甲子園に行って上位進出を続けているだろう。

強いて思い当たることを挙げるなら、スイング量だろうか。よそのチームのように「一日1000スイング」というようにノルマを決めているわけではない。ただ、ティー打撃やフリー打撃、全員で行う素振りを含め、それなりの本数はこなしているはずだ。とくにティーである。2016年冬から取り入れた「ティー500」と名付けているメニューは、ノーマル・逆手・スクワット・横トス・高め・バスター・早打ちの7種類を、500本ほどこなすのである。これらは専修大の斎藤正直監督からいただいた本に載っているティー打撃からヒントを得て、高校生向きにアレンジして組み上げたものだ。

それぞれの狙いは以下の通りである。

・ノーマル

振る力をつける。スイングの基本を身につけさせる。打球を下方向に打たないよう、角度の付け方を覚える。

・逆手

バットを持つ手を入れ替えることで、両脇がしっかり絞り込める。また、本来ボールを捉えるべきポイントで確実に捉える感覚を養う。

・スクワット

下半身主導のフォームを身につける。スクワットして立ち上がった時にしっかりと軸足に重心を乗せ、そこから踏み込んで上半身と下半身の割れを作ってスイングする。

・横

ミートポイントをより後ろに置く意識を身につける。前に突っ込まず、後ろ足に体重を乗せているかを確認する。

・高め

前側の肩で壁を作り、顔の近くからバットを出していく。高校生に多く見られがちな、上体がかがみ込んで顔が沈み込んでしまう〝もぐり〟を修正し、高めを遠くへ運ぶ感覚を作る。

・バスター

ミートポイントから巻き戻すことで、正しいバットの軌道を確認できる。

・早打ち

体のキレを作るために効果的な練習方法。

同じティーを500本ずっと繰り返すよりも、いくつものパターンを取り入れることによって、その都度、頭の中をリセットすることができる。これで集中力も維持できて、気がついたら量もこなしている。もちろん種類ごとに意識すべきことを伝える必要はあるが、集中力を持って本数をこなせるこのやり方はスイングスピードのアップなど、大きな効果をいくつも生んできた。

当初は冬期限定メニューのつもりだったが、2017年シーズンに想像以上の成果を残したため、以降はフリー打撃前や順番を待っている間のメニューとして定着した。各自が7種類の中から必要と感じたティーを選択し取り組んでいるが、週に1回は必ず「形を見直す」という意味も込めて、全員で7種類のティーに取り組む日がある。もちろん幾通りもの種類を単調にこなすだけなら効果はない。それぞれのティーに前述のような目的を持つことが大切だ。

また、最近になって取り組み始めた全員スイングは、10本ごとに掛け声をリードする生徒が交代し、それぞれが「真ん中高め、真っすぐ」というように、思い思いのコースや高さ、球種を指定し、そこをイメージして強いスイングをかける。これを全員で行えば、優に800以上のスイング量になる。

打撃練習 2
本数を決めないフリー打撃

人数が多いため、全員に同じ本数を打たせようと思うとスペースが足りない。したがって大会前や大会中にはメンバーは外、メンバー外は室内というように分類せざるを得ない。外で行うフリー打撃は中央の3つがマシンで、真っすぐと左右の変化球。その両脇に打撃投手の計5カ所。さらにその両サイドに、ハーフ打撃用ゲージの計7カ所で打つ。ティーとは一転して、こちらはそれぞれに本数は決めておらず、生徒個人の感覚にすべて任せている。中には「本当にそれで大丈夫？」と言いたくなるぐらいの少ない本数でスパッと切り上げる者もいる。

そもそも反復練習とは、自分の感覚と現実とをマッチさせるために行っているものだ。反復する回数が多ければ多いほどそれができていくタイプもいれば、やりすぎると感覚が狂ってしまうタイプもいる。2019年秋の明治神宮大会で四番を打った狭間は、純粋に前から来たボールを自由に打った方がいいタイプだ。打てば打つほど考え込んでしまうため、試合前は本数もそれほど打っていない。ヤクルトに入団した濱田は気分次第だった。こだわって打つ日もあれば、何のこだわりもなく数球で終わることもあった。たとえ一本も良い打球が飛ばなくてもサッと切り上げてしまうのだ。これに対して、僕から言うことは何もない。

普段の練習では木製バットを使用している。木製でマシンを打った後に木製でのシート打撃を行うこともあるし、冬には木製で紅白戦を行うこともある。ただ、木製での紅白戦は、どちらかといえば投手に成功体験を作らせたい時に実施することが多い。金属バットでは絶対的に打者が有利だ。つまり、内角を攻めて詰まらせる感覚を投手に覚えてもらいたい時ほど、打者には「木で打て」と言っている。

もちろん試合前になれば金属を使うことも増えていく。打っている本人だけでなく、守っている方も金属の打球に慣れておかなければならない。外野手は打球の飛び方を確認し、内野手は強い打球への対応を身につけておく必要がある。

また、フリー打撃では最初の数分間で「センターから逆方向に打つ」ことを指示している。これは2017年世代の置き土産といっていい練習メニューだ。技術力の向上はもちろんだが、決められた約束事に従うことで徹底力を養うことにも繋がるため、引っ張りの打球を打つ者にはあえて叱りつけることもある。

打撃練習3
打席で体現すべきもの

打撃で大切なのはタイミングであり、打とうと始動した時にボールと顔、ボールとグリップが充分に適性な距離を保っているかだ。だから「ボールを長く見て体に近いところで強く叩け」とは言うものの、僕は打者のタイプも人それぞれだと思っているので「前さばきはダメ。全員後ろさばきで打て」と強制することはない。そもそも日本を代表する強打者の松田宣浩選手（福岡ソフトバンク）のように、極端な前さばきで結果を残している選手もいるし、明豊の四番を打っている狭間もどちらかといえば前さばきの打者だ。それこそ個人の感覚を優先すべきで、野球を始めて10年近く前さばきで結果を残してきた生徒に「後ろで捉えろ」と言っても、高校野球の2年半ぐらいで簡単に修正できるものではない。

明豊では状況に応じて四番にもバントをさせることがあるし、小技が上手い下位打線の打者に長打を狙わせることもある。つまり、なんでもオールマイティにこなせる打者を9人揃えるのが究極の理想だ。しかし、打撃指導の根底にあるのは「空中に打ち返せ」という高嶋流打撃理論である。野球の醍醐味はなんといってもホームランだ。誰もが打球を遠くに飛ばしたいと思っているはずで、明豊でもそこは小細工を挟まず、とことんまで追求して練習している。

しかし、練習では大きな当たりを狙っているのに、試合になるとちょこんと当てるだけの小さな打撃で結果を残そうという生徒がいる。つまり、練習でやっていることを実戦で体現していないのだ。そういう打撃で結果を求めるのなら「練習中から当てるだけのティーやフリー打撃をこなして、そちらを極めなさい」と言いたい。やはり試合では、普段の練習でやっていることを、しっかり体現してほしい。練習と同じように「とにかく遠くへ飛ばす、強いスイングをする」というスタンスで打席に立ち、それで結果が出なければさらに練習すればいい。いつもとは違う手法で結果を求めた挙句「打てません」と言われても、そりゃそうだろうと思う。

現在のチームでいうと、遊撃手の宮川雄基は小さい体でも充分に柵越えは打てるし逆方向に長打も打てる。八番に置いているので、無死一・二塁は基本的にバントなのだが「外野の頭を越していけ」と言う時もあるし、スクイズでもおかしくない一・三塁の場面で「外野フライを打て」と指示を送ることもある。そういう意味では、ここへ来てようやく僕がやりたい野球、打撃というものが、少しずつ形になってきたと言っていいと思う。

走塁練習
実戦の中で磨く「足勘」

僕は投打、守りにおいても相手を力で圧倒する王道の野球を目指しているので、日頃から決まった走塁練習を行ったり、複雑にパターンが入り乱れたトリッキーな機動力野球を練習したりしているわけではない。練習終わりのランメニューとしてベースランニングを行うことはあるが、走者とランナーコーチを付けてケースノックをしたり、1カ所打撃の時に走塁の意識を高く持って取り組んだりというように、走塁のオリジナルメニューというよりは何かの練習に連動させて同時に行うやり方を採っている。つまり、実戦の中で〝足勘〟を養い、感覚を磨いているといった具合だ。

走塁に関しては、投球が捕手の前でワンバウンドすればスタートは当たり前で、二塁走者は常に三盗を狙う。そして一塁への帰塁は頭から。このように、ごく当たり前の決め事しか設定していない。チームの戦術に関係してくることが多いので、多くを語ることは控えさせてもらうが、とくに三盗への意識は高く持たせている。意外と二盗より三盗の方が決まりやすいと思っているので、明豊は積極的に仕掛けている方だと思う。実際に三盗されて慌てた捕手が悪送球し、得点となったシーンも何度かあった。

他チームと同様に、明豊も「行けたら行け（＝グリーンライト）」と「Thisボール（＝このカウントで走れ）」のサインを使い分けているが、ほとんどの場合はグリーンライトである。ただ、この場合も打者は「打って良し」なので、走者は打者のスイングも意識しておかなければいけない。もしスタートを切った直後に打者がヒッティングに来た場合「打球がどこに行ったのか、わかりませんでした」では困る。だから通常の30、50ｍといったダッシュメニューの中でも、3、4歩目に顔を上げて打者方向を見ておきなさいと指導している。左側を確認しながら走ってもスピードが落ちない走り方の研究は続けているし、実戦形式の練習の中でも常にトライしている。

また、打球判断の練習は主に新チームがスタートしてすぐの頃に行っている。レギュラークラスの選手を塁上に置き、外野に上がった打球が落ちるか落ちないか、届くか抜けるかといった瞬時の判断力を、1カ所、2カ所打撃の中で磨いていくのである。

タッチアップの判断や位置取りなどは、僕がノックの打球を上げて確認している。たとえば二塁上に走者を置いて、僕がセンターに大きなフライを上げる。走者はハーフウェーで距離を取り、捕球体勢に入ったらベースに戻って捕球と同時にスタートを切る。外野が捕球できるか微妙な時にはベースに戻れる距離に位置取りし、相手の捕球、または捕球体勢を確認しながら行けると思えば帰塁した後にスタートを切る。そういう基本的な動きの確認を行い「こんなスタートの切り方もある。打球はこういうふうに見なさい」といった細かなアドバイスを送りながら、秋の大会に間に合わせていくのだ。

投手の「大丈夫」ほどあてにならないものはない

理想的な投球フォーム（投げ方）については前で触れているので、ここでは割愛させていただく。まずは僕が投手に求める資質の部分から話を進めていこう。投手をやっていくうえで大前提となるのはコントロールである。大崩れしない、ビッグイニングを作らない。そういうタイプの投手は、大概はコントロールがいい。ベンチとしては相手がバントの構えをしているのに、四球を与えてしまうような投手が一番困るのである。また、コントロールが悪い投手でメンタルが強い投手はほぼいない。精神的な安定感と投手のコントロールは、面白いぐらいに比例していると思っている。

中学生の投手を見に行っても、まずチェックするのはコントロールだ。硬式でプレーしている中学生で120キロそこそこの投手が、高校で150キロに到達することもないことはないが、確率は極めて低い。理想は中学の時点で130キロを超えてくる投手だが、そういう投手が明豊にはなかなか来てくれないから困っている。

また、野球の中でもっとも故障しやすいポジションということもあり、投手に対する注意を怠ることはない。幸い明豊には投手コーチの赤峰や豊田だけでなく、PL学園で投手経験のあるトレーナーの濱永がいるので大いに助かっている。投手に異変を感じた時に状態を確認すれば「大丈夫です」と答える生徒が大多数だ。しかし、僕は投手の「大丈夫」ほどあてにならないものはないと思っているので、こういう時に専門の濱永が「今はこういう状況なので、これ以上は無理だ」とはっきり進言してくれるのはありがたい。それだけでなく、濱永は離脱から復帰までのプランまで立ててくれる。

僕は生徒が少しでも「痛い」と言ったら、すぐにリハビリ組に移すようにしている。たとえ本人が「大丈夫」と答えても、言葉のトーンや表情を見ていれば本当に大丈夫なのかどうかぐらいはすぐにわかる。球数制限に対して反対派の方は「故障するかしないか、もしくはしているのか、していないのか。それは指導者が毎日見ていればわかることだ」と言う。たしかに生徒が痛みを抱えていれば、投げている姿で一目瞭然だ。しかし、僕はそれだけでは不充分だと感じている。指導者とのやり取りの中で生徒が見せる「受け答え」の様子も、重要な判断材料にしなければならない。

川崎絢平の継投論 **1**

2番手以降の投手はいきなり100%で登板を

投手起用については継投が主流となりつつある高校野球だが、投手の役割分担が完全に固まっているチームはそれほど多くないはずだ。プロ野球のようにひとりの投手が年間公式戦50試合登板ということもないから、高校野球での投手分業制は本当に確立が難しいと思う。

また、高校生の投手が登板した瞬間から100％の能力を出してくれると思ったら大間違いだ。せいぜい70％から入り、恐るおそる75、80％と上げていくうちに「今日はイケる！」と感じれば、2イニング目から100％に入る。これが普通だと思う。

しかし、本当に勝ち切ろうと思ったら、投手はマウンドに上がった瞬間から100％を出し切ってくれないと困るのである。後から出ていく投手であれば、なおさらだ。2番手以降の投手がマウンドに上がるということは、試合の展開上、極めて重要な局面に差し掛かっているということである。そこで100％を出し切って打たれるぶんには、能力が足りないのだから仕方がない。しかし、「今は70％の状態です」と言っている投手をマウンドに送る勇気は、監督としてなかなか持てないものである。

投手を教えている立場の人間にとっては、継投は本当に怖いものだ。しかし、これからの時代は明らかに継投を軸とした戦いが主流になっていく。だから僕は、マウンドに上がった瞬間から100％のパフォーマンスを発揮してほしいと思う。高校生だからなかなか難しいにしても、かぎりなく100に近いものを出してくれる状態を作ってほしい。

こうした継投に対する考え方の歯車がすべて噛み合ったのが、2019年のセンバツだった。前年秋も継投で勝ってきたが、僕自身が依然として継投に対する自信を持てずにいた。ところが、センバツでは100%に近い複数の投手による継投が決まった。次に控える投手が軒並み100%かそれに近い状態を維持してくれていたため、投手の打順で思い切った代打策にも打って出ることができたのである。

2番手以降の投手への繋ぎ方だが、やはり理想は回の頭からの継投である。投手は走者がいない状況で投げている時のフォームが、本人のベストである。もちろん状況によってフォームが変わってしまう投手では困るのだが、僕としては投手が一番力を発揮しやすい状況、つまり回の先頭打者と対峙するところから試合に入れてあげたい。クイックや牽制を多用して、走者を意識しながら投げるといった状況にいきなり立たせるのは、できることなら避けたいと思っている。

監督も生徒と同じように、成功体験があって初めて自信になっていく。それを2019年センバツでの継投から、僕は学んだ。生徒に「失敗を恐れずにチャレンジを続けろ」と言っている以上は、監督も成功体験を得るまでは、失敗を恐れずに挑み続けなければいけないと思う。

川崎絢平の継投論 2

継投に「情」を挟んでは大怪我をしてしまう

逆に、僕が継投の難しさをもっとも痛感したのが2017年夏の甲子園、3回戦の神村学園戦である。試合には勝ったが、継投の判断ミスによって試合を9回で終わらせることができなかったという反省もあり、僕の中では継投を語るうえでもっとも記憶に残る試合となっている。

初戦に続いて先発のマウンドに送った佐藤颯真（桐蔭横浜大）は、練習試合でもほぼ完投経験がない投手だった。しかし、神村学園戦の佐藤はコントロールが良く、死球をひとつ与えたものの四球はゼロ。不利なカウントになっても落ち着いており、チェンジアップもいつも以上にキレていた。

8回を投げ終えて戻ってきた時、僕は裏の攻撃で打席が回ってくる佐藤に代打を送るつもりだった。リードは3点あった。僕が見てきた中でもキャリア最高といっていい投球を繰り広げた佐藤だが、球数も100を超え、さすがにボールも上ずってきている。佐藤にとっては未知の9回への不安も拭いきれず、もうこれ以上の投球も望めなかった。3点差があるので、回の頭から次の投手を投入して何とか逃げ切りたいと思っていたのだ。

攻撃に入る際にベンチ前で「颯真、交代ね」と告げると、佐藤は口にこそ出さなかったが「え、交代ですか?」という表情を浮かべたのである。それまでの2年半、彼はそれほどの自己主張をする生徒ではなかった。むしろ「チームのためなら喜んで次の投手に譲ります」というタイプの投手だった。僕はつい「投げたいんか?」と聞いてしまった。彼は当然のように「投げたいです」ときっぱり言った。

大人しく真面目で自己主張するタイプではなかった生徒が、あの大舞台の中で気持ちを表現してくれたことがたまらなく嬉しくて、僕は「よし。だったら最後も締めてこい」と、佐藤を9回のマウンドへ送ったのである。しかし、佐藤は二死まで踏ん張ったものの満塁から走者一掃のタイムリー三塁打を浴び、試合も振り出しに戻ってしまったのだ。

僕は内心で「だから言ったやん。交代って!」と歯ぎしりしたが、結果については完全に僕の甘さが原因である。あの状況であれば、生徒は「最後まで行きたいです」と言うに決まっているのだ。もちろん、その後に準備していた溝上勇を信頼していなかったわけではない。本来なら9回の頭から溝上を起用することを想定していたし、8回に佐藤に打席が回ったところで代打、そして最終回へという、継投としては最高の流れになっていたはずなのである。

しかし、僕は佐藤の表情を見て変心した。準備していた溝上もビックリしただろう。最終的に勝ったから良かったものの、もし敗れていたら「継投ミス」、「温情采配が命取りに」といった言葉を全方位から浴びせかけられ、ネット上で袋叩きに遭っていたに違いない。何よりも監督の判断ミスで、3年生の高校野球を終わらせてしまうところだったのだ。思い返すだけでも恐ろしい。

「情」のかけ所は明確にすみ分けしておかなければいけないと、その時に強く感じた。その後は「練習では情をかけて試合では非情になろう」と決意したのだが、果たして実践できているかどうか。勝負事はそんなに甘くないということを、僕自身の継投ミスによって学んだのだった。

毎週B戦を行いメンバー間の入れ替えを激化

2017年夏の後から、毎週のようにB戦を入れるようになった。また、Bの試合で活躍した生徒をAに昇格させたり、Aの遠征メンバーに抜擢したり、Aの選手をあえてBに回したりというように、A・Bの入れ替えを激しく行うようになった。Aの生徒には危機感を与え、Bの生徒には頑張ればチャンスがあるということを認識させることにもなるが、もちろん全野球部員の競争を煽る意味も込めている。

また、2017年は夏の甲子園でベスト8まで進んだことから、新チームのスタート時に少々もたついてしまったのは事実だ。甲子園の準々決勝からわずか1週間後に大分で秋季大会のシード校を決める県選手権を戦ったが、僕らはとてもファイティングポーズが取れる状態ではなかった。甲子園の終盤まで勝ち上がると、新チームの起ち上げが県内の他チームに対してまるまる1か月、もしくはそれ以上に遅れてしまう。この時も甲子園経験者の管主将、濱田を中心に、大分に戻ってからのわずか数日でチームの外殻だけを整えて大会に臨んだが、案の定初戦で敗退してしまった。初めて公式戦に臨む生徒も多く、経験不足は隠しようがなかった。完全な準備不足である。

この年の秋はノーシードから県で優勝し九州大会に出場したが、センバツまであと1勝のところで延岡学園に敗れた。スタートで躓いた影響も少なからずあったと思う。こうしたシーズンを送る中で、選手層を厚くしていくためにも、なおさらBチーム強化の必要性を感じたわけである。

その後は夏の大分大会が始まった時点で次の代を考えるようになった。大会が始まると練習時間が短くなる。3年生がいる間はAからCまで3軍編成でチームを回しているが、夏が始まった時点で3年生のチームに手を加えることはほとんどないので、自ずと1、2年生の練習が長くなる。選手のポジション適性を見て、コンバートを見据えたテストもこの時期に始めておかないと秋には間に合わないのだ。

上級生全員を入れてのノックは、これ以前から行っている。打撃練習はAがグラウンド、Bが室内、もしくはAの後にBがグラウンドでというように、場所を分けて行っているが、練習試合だけでなくすべての選手が同じメニューに取り組むので、メンバーの生徒もかなりの危機感を持って練習している。

プレーイングマネージャー❶

名人芸の〝ものまね〟を最大限に活かす

僕はいまだに生徒のキャッチボールに加わることもあるし、一緒にノックを受けたり、時には打撃ゲージに入ったりすることもある。打撃投手も時間があればすすんで登板している。その際にはカーブ、スライダー、チェンジアップなど、変化球もいろいろ交えながら投げている。もちろん生徒のために投げているのだが、自分が楽しんでやっているという部分が大半を占めているのではないか。いわゆる「自己満足」というやつかもしれない。

僕がノックに入る時は、場の雰囲気を和ませたい時である。僕が良いプレーをすれば生徒たちは「うぇぇぇぃ！」と声を出してくれるし、エラーをすれば「へいへいへーい！」と、ここぞとばかりに茶化してくれる。練習ではそういう雰囲気が必要な時も、たしかにあるのだ。

もちろん監督自身がノックに入れば、みんなの視線は集中する。だからといって、生徒の前でエラーしてはいけない、失敗したら恥ずかしい、生徒はどう思っているんだろう、とは考えない。上手に見せて「さすがやな」と思わせることも大事だと思う一方で、場の雰囲気を和ませようとしてやっていることなのだから、ひとつの捕球ミスも良い方向に転がると信じてやっている。

一方で、僕は生徒から「ものまね名人」と言われているらしい。カラオケの歌まねが上手というわけではなく、投球フォームや打撃フォームといった生徒たちの動きをまるまるコピーして、指導に活かしているからだろう。僕自身も人の特徴を捉えて即座に表現できることが自分の特技だと自覚しているが、これがフォームの矯正などに想像以上の効果を発揮するのである。

たとえば、ある投手に矯正してほしい癖があったとする。この時「俺にはお前のことがこんなふうに見えている」と言って、フォームを真似ながら気になる点を指摘すると、指導される側の生徒もちゃんと聞き入ってくれる。どんな指導よりも伝わりやすいようだ。エースの若杉晟汰がある雑誌の中で「監督は形態模写が上手なので、自分の投げ方を再現しながら修正点を指摘してくれる。ものすごくわかりやすいです」と語っていたが、口頭での説明より映像を見せられると説得力が増すのと一緒で、生徒たちもビデオを見ながら指導されているような感覚なのかもしれない。

また、自チームだけではなく対戦相手の投手も形態模写できるので、試合前には打撃投手としても重宝される。2019年センバツの札幌大谷戦前には、相手投手が右サイドということを聞いていた僕は、そっくりそのままの横手から投げ続けた。完全コピーではないにせよ、チーム全体でイメージを共有できるという意味では非常に大きかったと思う。「アンダーだ」と言われれば、アンダースローでも投げるし、相手投手の持ち球である変化球を再現することも可能だ。「次は左投手です」、「星稜の奥川恭伸（東京ヤクルト）級のスライダーをお願いします」と言われないかぎり、だいたいは体現できてしまうのである。

僕が練習着を着て生徒たちの中を動き回っていると、監督の存在に気付かない方も少なくないようだが、体が動くかぎりは生徒と一緒に動き続けようと思うし、喜んで練習台にもなるつもりだ。

プレーイングマネージャー❷

打撃投手に込められた意味

打撃投手はノックと一緒で、生徒との「対話」である。また、打者だけでなく、投手にもメッセージを伝える有効な手段になるのだ。

僕は緩い球を投げる時ほど声を上げて全力で腕を振るし、打ち気に逸っている打者には「バイーーーン！」と言ってスローボールを投げ込んだりもする。すると、生徒らは「おい、声に騙されるなよ」、「バイーーーンが出たよ」と声を掛け合いながら僕を攻略しにかかってくるのである。

ここで、僕が生徒たちにもっとも伝えたいのは「駆け引き」と「遊び心」だ。

僕が大学に入学した当時のエースで、ダイエーにドラフト1位指名された山田秋親さんは、キャッチボールのような力感から150キロの直球を投げていた。これが打者にとってはもっとも厄介な直球である。逆に150キロを投げてきそうな腕の振りから80キロのスローボールが来たら、これもまず打てない。145キロのフォームから145キロが来れば、マシン打撃に慣れている最近の高校生なら簡単に打ってしまうだろうし、緩い投げ方で緩い球しか来ないなら、これはもう打者にとっては恰好の餌食でしかない。

打撃練習では打者の心境や反応を見ながら、打ち気を削ぐようなチェンジアップや外へ逃げるスライダーで本気の空振りを取りに行く。監督vs生徒という対決を楽しみながらも「ここでこういう球を選択すれば、簡単に打ち取ることができますよ」というヒントを込めているつもりだ。「バイーーーン！」と声を上げて生徒と対峙する「遊び心」の中で、勝負のための「駆け引き」を指導するのである。捕手も同様だ。僕は打撃投手をやりながら、捕手のサインに首を振ることもある。捕手にはそこで「この場面ではこういう配球もあるんだ」と感じてもらいたいし、僕とバッテリーを組むことで打者攻略のためのヒントを掴んでもらえればと思っている。

僕は打撃投手をしながら、ボールと同時にメッセージも投げている。とくに投手をやっている生徒には、ひとつでも多くのことを感じてもらいたい。

大会中は僕がシート打撃で打撃投手を務める。「次の試合は左投手が来る」とわかっていないかぎりは、試合前日か前々日には必ず僕が投げるようにしている。それは僕がショート出身であることと無関係ではない。

ショートは常に投手の後ろから打者を見ている。つまり「こいつは打ちそうだ」、「ちょっとスイングが乱れているので打てそうにないな」、「このスイングならゴロが飛んでくるかもしれない」というように、正面から打者の雰囲気を感じ取ることが習性になっているのだ。だから僕は打撃投手をやりながら生徒の状態を把握し、打席から放たれる雰囲気も感じたいのである。

僕が投げない時や紅白戦の場合は、二塁塁審のあたりで見ているし、試合当日の朝は生徒と一緒に球拾いをしながらセンター方向からチェックしている。そこで各打者の状態を確認し、当日のオーダーを組み替えることも決して珍しいことではない。

ちなみに、試合当日朝の打ち込みでは、僕はいっさい打者相手に投げない。なぜなら、ベンチに入ることができなかった3年生たちが、率先して打撃投手を買って出てくれるからだ。メンバーの生徒たちには、それを意気に感じて試合に入ってほしい。そこはもう、僕が出る幕ではない。

第五章

代表的な教え子たち

「超・高校級」の才能に学んだこと

教え子たちから学んだこと

智辯和歌山、明豊で指導者としての経験を重ねていく中で、僕は圧倒的な才能を持った多くの選手に出会うことができた。また、彼らを指導する過程で、僕自身が高校生の教え子から学んだことも少なくはない。

僕は智辯和歌山のコーチ時代に２００９年の中日ドラフト１位・岡田俊哉、２０１０年の日本ハムドラフト２位・西川遥輝と出会い、明豊では監督として２０１８年のヤクルトドラフト４位・濱田太貴を指導した。

彼らに共通して言えるのは、相手にどれだけ警戒されようが、いとも簡単にその上を行ってしまうということ。相手からの警戒を辛うじて超えていくのではない。遥か上を超えていくのだ。どれだけ警戒されようが屁とも思っていないし、常に僕ら指導者の心配を嘲《あざ》笑うかのような結果を何食わぬ顔で残していくのである。

また、彼らは場面をわきまえているというか「ここぞ」の勝負所を心得ている。球場の視線が集中する場面、プレッシャーがかかる局面で結果を出し、精神的タフさを見せつけるのだ。とくにスカウトが視察に来ている試合では、決まってパフォーマンスレベルが上がった。岡田はスカウトがいるかいないかで、球速が10キロも違うのである。

また、彼らは一様に強いこだわりを持っていた。技術的な部分やルーティンにおいて、人から何を言われてもいっさいブレることのない、自分だけのこだわりを貫いていた。柔軟な思考は大事だという一方で、「強いこだわり」は自ら考えているからこそ生まれる「思考の結晶」である。また、順序立てて思考を重ねた結果できあがった「こだわり」だけに、彼らはそれを言葉に変換することもできる。たとえ数学の問題が解けずとも「インコースはどうやって打っているの？」と聞けば、彼らは思いのほかスラスラと答えるだろう。僕は「こだわり」の有無こそが、一流か否かを判断するひとつのバロメーターではないかと思っている。

この章では、彼らに代表されるプロ野球に進んだ教え子、そして社会人野球に進んだ代表的な教え子たちが、どのような高校時代を送り、その実力を磨いていったのか。彼らが現在に至る成長曲線をいかに描いていったのかをまとめてみたい。

先頭を走り続けたドライチ左腕

岡田俊哉（中日ドラゴンズ）

僕が智辯和歌山にコーチとして加わった時、最上級生となってエースに君臨していたのが左腕の岡田俊哉だった。１４０キロ台の直球とキレ味抜群のスライダーを武器に、1年夏から甲子園を経験している岡田は、早い段階から「プロ注目の好投手」として話題を集めていた逸材だった。

野手ですら智辯和歌山から直接プロへ行くことは珍しかった時代に、岡田は投手としてドラフト1位でプロの世界へ羽ばたいている。しかし、当初はプロ志望ではなかった。入学した頃は体が細く、球速も１２０キロそこそこ。岡田本人ですら、とてもプロ野球選手になれるとは思っていなかったのかもしれない。

髙嶋先生が「お前がどうしても進学すると言うなら、今後は公式戦、練習試合を通じて〝試合〟と名の付くものにはいっさい投げさせない。もちろん紅白戦もや！」と話していたのを覚えている。選手、コーチとして通算5年間にわたって髙嶋先生に仕えてきた僕だが、髙嶋先生をしてそこまで言わしめたのは岡田だけである。

岡田の実力があれば、どこの大学にも入学できる。だったら、これ以上の練習をする必要はない。髙嶋先生は本人に高い意識を持って練習し続けてほしいと考え、岡田にだけは早い段階からプロを意識させていたのである。

プロを意識し始めたことで岡田の練習姿勢は変わり、ボールの質も試合で残す結果も一段とレベルアップした。3年最後の和歌山大会の組み合わせが決まった後、髙嶋先生はトーナメント表を眺めながら「岡田よ、3回戦までは俺がなんとかする。その代わり、その後はお前が完封やで」と語りかけた。岡田は表情ひとつ変えずに「はい、わかりました」とだけ答え、準々決勝で伊都を3安打、準決勝で紀北工を4安打、決勝で南部を3安打に抑え、指示通りに3試合連続完封をやってのけたのである。

練習でも250球ぐらいは平気で投げていた。しかも、1球の間隔がすごく短い。捕っては投げ、捕っては投げる。多少息が上がってきても、投球フォームが乱れることはなく、球の質が落ちることもなかった。一定のリズムで淡々と投げ続けるのである。

ランメニューも闘争心を持って取り組んでいた。ひとりで走っている間はそれほど真剣にやっているようには見えないのだが、300m走を集団で走るとなると先頭を譲ることはなかった。

試合前には「今日スカウトは来ていますか？」と確認し、来ているとなれば通常は平均

134、5キロの直球を145キロにまで上げて猛アピールだ。フィールディングや牽制も上手で、打撃の方も智辯和歌山の打線で中軸を打っていたぐらいだから力強さは充分に備わっていた。高校からドラフト1位で直接プロに行くような選手なので、さすがに非の打ちどころのない選手だった。

打撃の求道者
西川遥輝（北海道日本ハムファイターズ）

岡田の1学年下には、パ・リーグで盗塁王3度、ゴールデングラブ3度受賞の西川遥輝がいた。プロ野球を代表する俊足選手としてすっかりおなじみだが、高校時代から打撃センスはピカイチだった。とにかく芯に当てる能力が高く、どの球種にもコンスタントに対応できる。当時の高校生の中では間違いなく全国トップクラスの選手だったと思う。

自分に必要なものはやる、そうでないものはやらない。高校生がそんなことでいいのかという意見もあるだろうが、西川はそのスタンスを徹底していたし、髙嶋先生もそれを黙認していた。また、岡田の時と同じように「こいつはプロやから」と、早い段階で高校からのプロ行きを示唆していた選手だ。

西川はマシン打撃を好まず、いつも打撃投手をしている僕のゲージにやってきては「最初に真っすぐを5球だけください。あとは僕を崩しに来てください。球種はミックスでお願いします」と言った。普通の高校生であれば、後ろで監督が見ている中でフリー打撃を行えば、少しでもいいところを見せようと思って打ちやすい球を欲しがるものだ。球種指定ならともかく、ミックスで来られるのはもっとも嫌うはずなのに、西川はそういう打撃練習の「一般常識」というものを気にするタイプではなかった。ちょっと、他の打者とは器が違うのである。

ある時、160キロマシンを打とうという意思をまったく見せない西川に向かって、高嶋先生が「お前、真っすぐは打ったんか？」と尋ねた。何食わぬ顔で「打っていません」と答える西川。当然、高嶋先生は「それでほんまに真っすぐが打てるんか！」と声を張り上げたが、西川はやや不貞腐れた表情を見せながら、それこそバットを引きずるかのような態度で160キロゲージに入り、3球続けて柵越えを打ってしまうのである。口には出さずとも「こんなんでいいですか？　僕はいつでも打てるので、マシンは打たなくて大丈夫です」とでも言いたげな雰囲気を漂わせていたものだ。

ストイックに最高の打撃を追い求めていた西川は、常に練習で良い当たりを打たなきゃいけないとも思っていなかった。たとえば、プロの選手が打撃練習中にファウルを打ち続けたり、フライを打ち上げ続けたりして、フォームを確認していることがある。イメージとしては、そういう練習方法に近かった。「インコースに来た時に、こういうバットの出し方を試してみよう」と考えて、たとえボテボテのゴロになろうともお構いなしに同じ球種を同じスイングで打ち続けるのである。「自分にはこういう課題があるので、今はこういう練習が必要なんだ」ということを自分で理解していたし、そこをクリアしたらすぐに次の課題に取りかかる。だから、西川の打撃練習は他の選手より長時間に及ぶのだった。

西川はプロ1年目から70試合以上に出場し、2019年までの8シーズンで999安打を放っている。大きな怪我さえなければ2000本安打も狙えるだろうし、いずれは打撃タイトルも手にしてもらいたい。それだけの力を持った選手だと信じている。

幼さが抜けず2度の「帰れ」事件を起こした強打者
濱田太貴（東京ヤクルトスワローズ）

2017年夏の甲子園で2試合連続本塁打を放ち、3試合で15打数9安打9打点という神がかった打撃で、チームのベスト8進出に大きく貢献してくれたのが当時2年生の濱田太貴だった。

あの夏、濱田に与えた背番号は17である。もちろん能力は申し分ないものがあったが、本人の人間的甘さが、どうしてもひとケタ番号を背負うことを阻んでしまうのだった。濱田は1年夏からクリーンアップの一角を打ってもおかしくなかったが、あの時点で抜擢していたら間違いなく本人が天狗になってしまっただろうし、チーム崩壊にも繋がりかねないということで、僕は必死に我慢したのである。しかし、1年秋からは主力のひとりとして使っていくつもりだったので、練習は常に本隊に入れていた。

とにかくいろんな意味で思い出に残る生徒だった。一度、県内チーム相手の練習試合に濱田を使おうと思い、バスで球場に向かっていた時に、濱田の不在に気が付いた。「濱田は？」と他の生徒に聞くと「バスに乗っていません。寝坊です」と言う。濱田も濱田だが、出発時点でそれに気づかない上級生も上級生だ。当時の明豊はまだ、そうした未熟さがふんだんに残ったチームだったのである。

翌日に明豊グラウンドで行った練習試合から、濱田はメンバー外となる。その試合で補助に回った濱田には、山の上に飛び込むファウルボールを回収する役目を与えた。それも、常に一塁側ベンチにいる僕の視線に入ってくるような場所にいたので、僕は試合中も注意深く濱田の観察を続けていた。最初は大人しく椅子に座って試合を観ていたが、5回ぐらいになると試合に飽きてしまったのか、濱田は竹藪の中から拾ってきた棒で、足元の虫探しを始めてしまったのだ。

僕は濱田を呼び「決して遊ぶなとは言わない。ただ、ここは遊ぶ場所じゃないから、遊具も何もない。遊びたいなら寮の前に小学生用の遊具があるから、そこで遊んでいろ」と言って寮に帰したのだった。濱田はワルではなかった。根が素直すぎて、幼さが抜けきれない少年だったのである。

しかし、ブレークした2年夏に、僕は最大級の雷を濱田に落としている。大分大会の初戦前日のことだ。暑さの中でダレた態度でノックを受けていた濱田に対して「もういい。帰れ!」と突き放したのだった。さすがに大会直前ということもあって、前回の虫取り事件の時のように濱田もすんなり従おうとはせず「いいえ。ちゃんとやります」と言い返してくる。僕は他のメンバーに「おい、みんなも練習ストップだ。濱田が帰るまではいっさい練習するな」と言い渡し、濱田には「明日が試合なのに、お前が帰らないとみんな練習ができないだろう」と畳みかけた。すると主将、副主将が僕のところへ来て「濱田は僕たちがちゃんとやらせますから、練習させてください」と頭を下げに来た。最後の夏に賭ける3年生たちがそうやって言ってきたので、僕は渋々練習を再開させ、濱田は今にも泣き出しそうな表情でグラウンドに飛び出していった。

結局そのまま夏の大会に入っていくのだが、濱田は大分大会で3本塁打、甲子園で2本塁打の大暴れである。なんでも、夏の甲子園でふたケタ番号の選手が2本塁打を放ったのは、大会史上初の快挙だったそうだ。なぜ、ひとケタ番号を与えられなかったのか。その意味を噛みしめながら、すべての試合に臨んでいるように見えた。そして、試合で活躍するたびに、彼は「少しでも長く、一日でも長く3年生たちと一緒に野球がしたい」というコメントばかりをマスコミに語っている。「帰れ」事件を3年生が救ってくれたことに対する恩義も、少なからずあったと思う。甲子園で敗れた後も、3年生以上に号泣していたのが濱田である。そういう義理堅い一面も持った、高校通算45本塁打の強打者だった。

濱田への指導を通じて学んだこと

幼さを解消できず、さんざん僕らを困らせてくれた濱田だが「考える力」は充分に備えていた。「野球センスの半分は考える力である」という僕の持論を、濱田ほど体現できる選手も珍しかったかもしれない。とくに打撃に関しては、すぐに自分の考えを言葉にできた。日頃から何も考えていない生徒は、こちらがどういう尋ね方をしても、スラスラと答えることはできない。

ひとつを指導すれば、そこから枝葉を付けて複数のポイントを修正していけるだけの野球脳もあった。また、濱田は試合中にメモを取りながら、相手バッテリーの配球や相手投手の特徴を研究していた。「考えながら野球をする」という意味では、抜群の野球センスを備えていたといえる。

ただ、前述のような幼さを持った生徒だけに、その導き方にも相当な気を配った。下級生の間は「自分さえ良ければいい」という考え方が許されたとしても、最上級生になれば能力的に軸となっていくべき選手が、それでは困る。僕は濱田を副主将に任命した。そこで僕が濱田に伝えたことは、今でも一言一句忘れてはいない。

「お前は言葉でみんなを引っ張ろうとしなくていい。それはもうひとりの副主将の仕事だ。お前が普通に全力疾走をしたらどうなる？　たぶん俺が『全力疾走しろ』と言わなくても、みんなが全力で一塁を駆け抜けるようになるだろう。お前が練習の準備を率先してやってみろ。下級生はもちろん、同級生だってグラウンドに飛んでいくはずだ。それだけ、みんなはお前のことを見ている。それぐらいの影響力を持っているんだ。お前が当たり前のことをするだけで、このチームは当たり前以上のことができる集団になる。このチームをどうにかできるのは、俺じゃないからね。どう考えてもお前なんだよ」

濱田という男はそうやって言われると、意気に感じてすぐに行動に移してくれた。ただ、それが長続きしないという欠点があったので、濱田の気持ちが薄れてくるたびにポイント、ポイントで話をしなければならなかった。だから、彼と言葉を交わす機会は他の生徒よりも多かったかもしれない。「こないだ俺が言っていた意味、わかっているよね？」、「みんなお前のことを見ているぞ」といった短い言葉だが、これをチャージすることで濱田はエネルギッシュにチームを引っ張ってくれるのである。

しかし、最後の夏は大分大会の準決勝で柳ヶ浦に4－10で敗れている。大会中に主将の管、副主将の清水翔吾（中部学院大）が相次いで怪我を負ってしまい、副主将の濱田にいつも以上の負荷が掛かってしまった。濱田は「俺がなんとかしないといけない」という気持ちが強すぎたのか、普段なら絶対にバットが止まっているようなボールに手を出してみたり、勝負所で力みすぎたりと、明らかに気持ちが空回りしていたのである。

たしかに1、2、3年と進級しながら濱田の人間性は磨かれていったし、濱田自身も大きく成長したと思う。人間性の成長があったからこそ、最後の夏に「俺がなんとかしないと」と思いながらプレーできたのだ。その反面、日頃からそれだけの意識を持って取り組んでこなかったから、最後の最後で「俺が何とかする」という意気込みが空回りしたとも言えるだろう。もし濱田の中にそれが習慣付いていたら、もう少し冷静にプレーできていたはずである。

プロへ進むほどの図抜けた才能を指導しながら、あらためて「言い続けること」、「習慣付けること」の大切さを学んだ気がする。そういう意味でも、濱田との出会いには感謝したい。

捕手・中谷仁の強肩

教え子ではないが、僕が間近で見てきた凄い選手のひとりということで、智辯和歌山の現監督・中谷仁さんについても触れてみたい。

中谷さんは、僕も1年生で加わった1997年の全国制覇を主将として引っ張ってくれた先輩である。捕手だった中谷さんは卒業後にドラフト1位で阪神に入団し、その後も楽天や巨人でプレーを続け2012年に現役を引退した。2017年に智辯和歌山のコーチとなり、翌年8月に髙嶋先生の勇退を受けて監督に就任。2019年には早くも春夏の甲子園指揮を経験している。

高校時代は20本超の本塁打を放ち、優勝した甲子園でも5割以上の打率を残しているが、どちらかと言えば、打撃では中谷さんと同学年の喜多隆志さん（元ロッテ）や社会人日本代表でもプレーした清水昭秀さん（元日本通運）らの方が上位というイメージだった。

しかし、送球の安定感は圧巻だった。僕は遊撃手として中谷さんの二塁送球を何度も受けてきたが、とにかく百発百中。回転も綺麗ですごく捕りやすい球が来る。捕手からの送球はタッチしやすいポイントに来れば基本的にアウトになるものだが、中谷さんの送球は本当にそのポイントばかりに集中した。本来なら中谷さんが座っている時は相手もあまり仕掛けてこなかったはずだが、エースの高塚信幸さん（元近鉄）が故障で投げられないチーム事情の中で、他の投手がクイックを気にせず大きなフォームで投げてくるから結構スタートを切られてしまう。それでも中谷さんは、そういうことをまったく意に介さないかのように、正確無比なストライク送球で盗塁を阻止し続けたのだった。裏を返せば、中谷さんの肩が強すぎるから、投手陣もそこまでクイックを速くしようと思っていなかったのかもしれない。

全国制覇した1997年夏の甲子園では、僕の前に一球も打球は飛んでこなかった。記録に残っている僕が絡んだ唯一の守備機会は、決勝の平安戦だった。細かい状況までは覚えていないが、僕が出場しているということは試合終盤だろう。相手の一塁走者が盗塁を仕掛けてきたが、中谷さんからの送球を僕が捕球した時点でまだ2m以上手前にいた走者は、そのまま一塁方向に逃げ帰っていった。僕はこれを追っていき、背中にタッチしてアウトを取ったのだが、結局これがあの夏の甲子園で唯一の守備機会となってしまった。高校1年目に全国制覇というこれ以上ない経験をさせてもらったが、中谷さんの送球を見て、捕ることができたのは大きかった。僕自身がキャッチボールの大切さを再確認することができたし、指導者になって以降も中谷さんの送球の記憶をイメージしながら指導ができる。入学してからのわずか4か月間とはいえ、僕にとっては必要不可欠な時間だったと断言していい。

社会人野球トップクラスの稲垣兄弟

明豊に来て最初の年に主将を務めていたのが稲垣翔太（Ｈｏｎｄａ熊本）である。好守強打の遊撃手で、２００９年夏には1年生として唯一、今宮健太世代のレギュラーに割って入っていたほどの選手だ。身体能力が抜群に高いうえに本能で野球ができるタイプで、左打者ながら左投手を苦にすることもなく、非常に勝負強かった。足も速くＨｏｎｄａ熊本のセレクションに行った時には50ｍを5秒7で走っている。また、性格も明るく、人の話をよく聞く素直な高校生だった。

しかし、すべてが完璧だったかというと決してそうではなかった。近い距離からの送球に不安があったし、足はあるのに盗塁のスタートがあまり上手な方でもなかった。外野に転向した方が、持ち前のスピードを活かせてさらにパフォーマンスレベルがアップするのではないかと思っていたほどだ。

ストイックに反復練習をするタイプでもなかったし、決して主将らしくもなかったが、野球部在籍中に2度の監督交代があり、3人の監督の下で甲子園を目指すという難しい状況に身を置きながらも、前向きにチームを引っ張ってくれた。稲垣は社会人のような厳しい環境に身を置いた方が伸びるタイプだと僕は感じていたが、もともと本人が社会人志望だったこともあり、卒業後はＨｏｎｄａ熊本に入社している。1年目からチームの主力として活躍し、内野守備も見違えるほど上達した稲垣は、ドラフト候補にも挙げられるほどの遊撃手に成長した。彼と過ごした時間はわずか半年程度だが、もう少し早い段階から反復練習の大切さを教えることができていたら、いったいどうなっていただろうかと思うことがある。

また、稲垣翔太の2学年下の弟で1年からベンチ入りして甲子園にも出場した稲垣誠也は、兄とはタイプの違う努力家だった。兄に輪をかけて勝負強く、甲子園では敗れた関西戦で途中出場し、2打数2安打と存在感を発揮している。彼をすぐに抜擢したのは、稲垣兄弟の間の年代が思うように選手を集めきれていなかったため、1年生から中長期にわたってチームリーダーとなりうる人材を育成する必要があったからだ。たしかにあの時点の誠也は、能力的に足りないものだらけだったが、彼に甲子園を経験させ、彼と彼の在学中に入ってくる下級生を強化していかなければ、完全に甲子園から遠ざかるのではないかという危機感があった。

実際に彼は僕が期待した以上の柱に成長してくれた。彼が卒業する時、僕は「留年してでも、もう1年残ってくれないかな」と思ったほど、彼への信頼感は揺るぎないものとなった。その後、誠也は中部学院大に進み、大学のリーグ戦で本塁打王、首位打者といった打撃タイトルだけでなく、盗塁王にも4度輝くなどユーティリティな才能を存分に発揮。社会人野球の日本通運では1年目からレギュラーを掴み、2019年には侍ジャパン社会人日本代表にも選出されている。彼のように167センチ、66キロとさほど体格に恵まれない選手が活躍すれば、後輩たちにも大きな刺激になる。地元の別府市出身だけに、ふたりには今後も国内トップレベルの選手としてプレーし続けてもらいたい。

都市伝説化していた 糸井嘉男 の存在

教え子ではないが、大学時代に目の当たりにしたトップ選手たちのことにも触れておきたい。

大学時代は近畿大の藤田一也が僕にとっての「目の上のたんこぶ」だったという話は既に述べた通りだ。僕が持てる力のすべてを出し切って3割以上の打率を残しても、1学年下の藤田はあっさりと1割近くその数字を上回っていく。守備には自信があった僕だが、藤田はそこでも同じ遊撃手として僕以上の堅実さを見せつけていた。彼がいるかぎり、リーグ戦のベストナインに僕が選出される可能性はほぼなかったのだ。

また、近畿大といえば僕と同学年の〝怪物〟糸井嘉男である。日本ハム、オリックス、阪神を渡り歩き、首位打者1回、盗塁王1回、ベストナイン5回、ゴールデングラブ7回。間違いなくここ10年間のプロ野球界を代表する選手のひとりである。また、2016年に35歳で史上最年長の盗塁王に輝くなど、30代を超えてトップクラスの結果を残し続ける姿に、僕も大きな刺激を受けている。

大学時代の糸井は最速150キロ左腕として関西学生野球連盟で名を馳せたが、そのデビューは3年秋と遅かった。それまでは名前すら出てこなかったが、僕のまわりにいた京都出身者は、口々に「糸井はまだか？」と言っていたし、僕が「誰や、それ？」と尋ねると「あいつだけは、ほんまにヤバいで」とみなが戦々恐々としていたのを覚えている。たしかに、糸井にまつわる都市伝説は数多く存在した。大学デビューが3年秋にまでずれ込んだことについても「ドラフトまでちょうど1年だし、そろそろ練習を始めておこうか」と言って、ようやく重い腰を上げたなどという噂が飛び交っていたほどだ。

4年春になると糸井はもう手が付けられない状態となり、優勝決定戦でも連投するなどまさしく「超人」的な活躍を繰り広げた。5戦無敗（2完封）でリーグMVP、最優秀投手、ベストナインを総なめにし、秋のドラフトでは北海道日本ハムに自由獲得枠で指名されている。高校時代も膝や肩の故障でデビューは3年春までずれ込んでおり、高校・大学での実働は通算でも1年4か月ほどでしかない。

時に我々はこうした常識を超える才能に接することがある。彼らは未来に向かっての活路を自力で切り開いていくだけの能力を備えているが、僕としてもそうした選手たちの個性を存分に活かし、伸ばしてあげたいと思う。ただし「導き方を間違えないように最大限の注意を払う」という前提は決して忘れてはならない。

第六章

「日本一」宣言

歩み始めたVロード

「日本一奪取」を初公言した日

センバツでのベスト4入りを受けて、周囲からの評価が高まる中で迎えた2019年夏は、大分大会の準決勝で大分商に敗れた。もちろん僕や生徒に慢心や油断はなかったが、最後まで「対左」の課題を克服できず、公式戦初登板だった背番号9の左腕投手からあと一本が奪えないまま、3-6で敗退してしまうのである。しかも相手を上回る10安打を放ち、8個の四死球をもぎ取りながらの17残塁だ。こんなに悔しさの残る負け方もない。

試合後、僕は3年生たちへの最後のミーティングで、こう約束した。

「この悔しさは俺たち指導者と後輩たちで、日本一になって晴らしてやる」

保護者や報道陣、一般のファンがたくさん見守る中ではあったが、僕は明豊の監督に就任して以来、初めて「日本一奪取」を公言したのである。

じつはこれより2週間ほど前の大分大会開幕直前、僕は校長に向かって「今年は厳しいと思いますが、来年は本気で日本一を目指します」と宣言した。夏はその代がやることをすべてやったうえで迎える大会なので、僕はそこまでの状況になった時に初めて次の代を見据えるようにしている。だから、次の代が発足する際のミーティングでは、きっぱりと「日本一を狙う」と生徒たちに伝えるつもりだった。

２０１７年夏のベスト8、２０１９年春のベスト4と、ある程度の成績を甲子園で残せたことで、いよいよ機は熟してきたと感じるし、戦力的にも日本一を公言しても恥ずかしくないレベルに達しつつある。何よりも、まずは本気で日本一を目指そうとしないかぎりは、永遠に届くことはないだろう。だから第一歩目として大事なのは、まずは目指し始めることだと思った。こうして明豊野球部が定める目標の基準を、日本一にセットし直したのである。

敗戦後に生徒に「日本一」という言葉を用いて決起を促したが、果たして何人の生徒がビビッと感じてくれただろうか。僕は翌日の練習再開前に、あらためて生徒を集めて確認している。

「ここからは日本一を狙っていく。まず、お前たちにその覚悟があるのかどうか。日本一を目指すというなら、それを達成するための練習をしていくことになるし、日本一にふさわしい人物でないといけないし、それなりの言動も求めていくことになる。でも、お前たちが『いや、僕たちは甲子園に行くだけでいいです』と言うのだったらそれでいい。それがお前たちの高校野球だというのなら、俺がそれに合わせていく。俺の高校野球ではなくて、お前たちの高校野球なんだから。目標設定も俺が主導じゃ困るんだ。でもウチは環境にも恵まれているし、先輩方がいろいろと成績を残してくれたおかげで、部としても少しずつ階段を上がってきている。そろそろ本気で日本一を目指すと言える状況まで来ていると思うよ。本気の日本一か、いやいや、甲子園出場を目指すのか。そこを自分たちで話し合って決めてくれ」

日本一か甲子園出場か、生徒たちの出した答え

生徒たちには考える猶予を与えた。その場で彼らに返答を求めたら「日本一を目指します」と言うに決まっている。しかし「日本一」とはこれ以上ない究極の目標だ。そんな安易な気持ちで到達できるほど、これからの道は容易いものではないのである。

上級生が下級生をパシリに使うという先述の事件が発生したのは、それから数日が経ったある日のことだった。ここで僕は主将の若杉を呼び、問いに対する答えを求めた。「本気で日本一を目指すの？　みんなはどう言っている？」という僕に対して、若杉は「はい、日本一を目指します」と答えた。

僕は正直「え、こんな状況で？」と思った。前にも述べたように、チームの中で決められている約束事、つまり「これをするな」、「チームはこういう方針で行く」という決め事に従わない生徒が「日本一を目指す」ことへの覚悟があるとは思えなかったからだ。「やめやめ。もう日本一なんて目指す必要はないよ」と、僕はいったん生徒を突き放した。指導者として教えることは、もう何も残されていない。なぜなら、僕が指導したところで生徒にはそれを実践する意思がないのだから。

そこで僕は、再び「自分のことは自分でする」というチーム内の約束事を題材に「徹底力の徹底」を図ったのである。「全員で逆方向を狙いなさい」という技術的な部分よりも簡単であるはずの日常的な約束事が守れない以上は、試合中にベンチが指示する作戦を実行できるはずもない。過去に何度も繰り返し生徒に説き続けた「徹底力」を、僕はここでも引っ張り出してきたのである。

やはり、繰り返し言い続けることが力になった。その後、生徒たちの中に「日本一になるためにも、小さなことを徹底しよう」という意識が芽生え、強くなってきたと感じる。これまでも生徒間ミーティングで「甲子園」という言葉は頻繁に使われていたが「日本一」という言葉が出てくることはなかった。とくに主将の若杉や副主将の布施がしきりにこれを用いてチームを鼓舞しているおかげもあって、日々の練習にそれまでにはなかった厳しさがごく自然に生まれているのである。

「そんなことじゃ日本一になれないぞ」

「日本一になるためにはこういう練習が必要だ」

僕が言わずとも、生徒間からそういう言葉が飛び交い始めたのだから、彼ら生徒は本気で日本一を目指そうと決心したのだと思う。

わずか3、4か月で頂点には立てない
――センバツ4強でも「日本一」を口に出せなかった理由

中には「2019年のセンバツで準決勝、ベスト4まで進んだことで日本一を意識し始めたのですか？」と言う人もいる。のちに大会を振り返った時に、僕は「目標は最初から学校最高のベスト4だった。本気で日本一を目指していなかったから優勝できなかったのだ」と実感した。この反省の弁の中にも「日本一」という言葉が盛り込まれているのだから、僕の中で頂点への意識が芽生えたのはまず間違いない。

しかし、僕はあの時点で「夏は日本一を目指す」と口にすることはできなかった。まず、どの学校でもチームの発足は夏の大会を終えた7月か8月だ。そこから1年間をかけて日

本一を目指すチームを作っていくのである。ただ、その途中の4月に結果が出たから「じゃあ夏は日本一を獲りに行くぞ」と言っても、残りわずか3、4か月という期間で辿り着けるものでもない。同じように、センバツで負けた悔しさから来る感情の昂ぶりから「夏は全国制覇を狙う」と宣言しても、実際のところあまりに時間が足りないのだ。

だから本気で日本一を目指すのであれば、宣言は「この代で、この1年で」という話ができる新チーム発足時しかない。僕が夏の大会前に校長に対して「今年は厳しいかもしれない」と言った理由はそれである。その場にいた人たちは「え、今年は？」と思ったかもしれないが、目標が高ければ高いほど一朝一夕で事は成せないのである。

むしろ、春に結果を残したことで夏の出場が難しくなったとも感じた。生徒にも「甲子園でベスト4になったことで、夏に出場するためのハードルを自分たちの手で上げる形になった」と言った。相手からの警戒が強まるのは間違いないし「打倒・明豊」という明確なスローガンの下で、他校は大きく戦力を伸ばしてくるだろう。指導者にしても生徒の心の持っていき方が問われる。ましてや僕自身がセンバツに出たのも初めてだったし、センバツから夏までの持っていき方、チームの作り方を経験するのも初めてのことだった。

また、春の結果を受けて「日本一を目指す」と言ってしまうと、県内の他校は「明豊に隙あり！」と思ってしまうだろう。仮に僕が相手校の監督であれば、明豊は足元を見ていない、目の前を見ていない。これは付け入るチャンスだと、息巻いていたはずである。逆にセンバツで準決勝まで行ったチームが「甲子園に出るために、目の前の試合をひとつずつクリアしていこう」と必死になった方が、他校にとっては脅威に映るはずだ。

片や自分たちで意思統一を図り、設定した長期的目標の日本一。片や「センバツで結果が出たから次は……」と、まるで降って湧いたかのように突如として設定された日本一。目標に達するまでのアプローチの仕方を比較した時、後者はあまりにも軽すぎる。そういう場合にこそ、落とし穴が潜んでいるものだ。

そもそも、あの時点でいきなり日本一を声高に叫び始めること自体、日頃から生徒に対して謙虚に取り組めと言っている僕の考えにも反している。何度も繰り返すが、全国制覇とは3か月や4か月の取り組みで成せる業ではない。それに、僕自身が選手として日本一を経験しているからこそ、甲子園で優勝するだけのチーム力がなかったと肌で感じていたのである。

「日本一になるための練習メニューがある」と言う人がいるかもしれない。しかし、僕はそういうことではないと思っている。どれだけ長い時間「俺たちは日本一になるんだ」という思いで過ごしたかが重要ではないだろうか。少なくともその期間中は日本一になるためにすべての情熱を傾け「すべての練習は日本一へ通ず」と思って日々を過ごしているのだ。僕はこうした日々の積み重ねこそが日本一を目指すうえでの力となり、糧にもなっていくのだと信じたい。

初の九州制覇も通過点に過ぎず

２０１９年秋にはついに九州の頂点に立つことができた。２０１８年は春秋ともに準優勝、あと一歩で届かなかった九州大会優勝を成し遂げて、まず最初に感じたのも「本気で日本一を目指していたからこそ九州を制することができたのだ」ということだった。最初から目標を九州大会優勝＝明治神宮大会出場に定めていたら、そこに行き着く前に落とし穴にはまっていたかもしれない。２０１８年秋がまさにそうだった。

秋の九州大会に臨むにあたり、以前の目標はさらに低く設定していた。まずは翌春センバツ出場が当確となるベスト4入りを果たすこと。つまり、九州大会で2勝することだった。それはすなわち「甲子園に出たい。甲子園でいくつか勝ちたい」という思いでしかない。そういう時にかぎって、その〝たった2勝〟が手に入らないのだ。

目標は狙いよりも常に高く設定しておくことが大事だし「ひょっとしたら届くかもしれ

ない」という範囲であれば、なおさら高い位置に目標を置くべきだ。また、目標から逆算することの重要性もこの優勝から学んだことである。本気で狙う日本一からの逆算。九州大会優勝はあくまで通過点に過ぎない。だから生徒たちは、優勝して明治神宮大会出場が決まっても、喜びを爆発させることはなかった。

しかし、苦しい九州大会だった。初戦の唐津商（佐賀）戦は2回に一挙8点を失い、2－9と序盤にいきなり7点差を付けられる予想外の展開となった。4回を終えて4－10。しかし、5回に5点を挙げて1点差に迫るも、まさかの2本塁打を喫して再び9－14と突き放されてしまったのである。頼みの若杉も2回で降板しており、正直コールド負けもチラついた。生徒の中には「これだけ詰めてやってきてもダメなのか」と感じていた者もいたと思う。

流れは最悪だったが、救いは8失点したビッグイニングが序盤の2回だったことと、失点した次のイニングで少しずつではあっても得点を返していたことだった。一気に7点差をひっくり返そうと思うと難しいが、7回ぐらいまでに2、3点差以内にまで詰めておけばなんとかなる。そもそも後半勝負は明豊の得意とするところだ。実際にこちらの思惑通りの展開となった。6回に再び1点差に詰め寄ると、7回にようやく逆転。終わってみれば25安打を放ち、5回以降の毎回得点で20－14という勝ちを得たのである。

ここでも繰り返し言い続けてきた「後半勝負」がチームの拠りどころとなった。試合は大味なものとなったが、生徒が徹底力を体現して掴んだ勝利だけに嬉しかったし、日本一を成し遂げるためにもここで負けるわけにはいかないという強い気持ちが見て取れたことも、僕にとっては大きな収穫だった。

伝統が生む「目に見えない力」

九州大会では、序盤から得点を重ね、終盤一気に突き放すという自分たちの野球に持ち込めずに苦労したが、それでも負けなかったことに僕は価値を見出している。

初戦は25安打で20点を奪っているが、エースが2回にノックアウトされての14失点は、やはり明豊の野球ではない。準決勝の創成館戦も後半勝負となり、辛うじて9回に1点を勝ち越して3－2で競り勝つことができた。しかし、6回を終えて2－2の同点、投手を中心に両チームが無失策で守り合い、あと1点、あと一本を許さないという状況は、たしかに以前の僕が望んでいた展開である。ただ、この試合に関しては、この展開を望んでいたのはむしろ高い守備力を誇る創成館の方だったし、現在の明豊にとってはもっとも嫌な流れといってよかった。

この2試合とは毛色が異なるものの、勝てばセンバツ出場が当確となる準々決勝の沖縄尚学戦も後半勝負となり、9回に3点差をひっくり返すことができた。3点差はあったが、繋いでいけばなんとかなると思ったし、2019年春の横浜戦で用いた開き直り作戦がここでも役に立ち「命まで取られるわけじゃないんだから」と、9回の攻撃に向かう生徒たちを明るく送り出すこともできた。

このように、僕らが主導権を握れない試合、つまり相手の理想とする展開に持ち込まれたとしても、そう簡単に生徒の心が折れなくなってきている。2019年春の龍谷大平安戦のように、たとえ相手が全国レベルの強豪だとしても、それは一緒だ。2017年夏あたりから「どんなに点差が開いても生徒がひっくり返してくれるだろう」という期待感を僕自身も感じているし、それが現実になる試合も年々増えてきている気がする。僕としては後半勝負の徹底から生まれる逆転劇を、明豊のお家芸にしたいとも考えている。2017年夏の神村学園戦で二死ランナーなしから3点差をひっくり返してサヨナラ勝ちした時にも、僕は勝利監督インタビューで「この粘り強さを明豊の伝統にしていきたい」というコメントを残しているはずだ。そういう意味では、少しずつではあるが伝統は根付きつつあるのかもしれない。

僕は日本一を目指す一方で「魅せる野球」も体現していきたい。甲子園で強いチームの試合は、観ていてどれも楽しいし面白いものだ。たとえプロに行くような凄い選手や有名な選手がいなくても「あのチームの試合を観に行きたい」と思ってもらえるのである。「明豊の試合は最後まで何が起こるかわからないから目が離せない」と言われるようになれば、僕らにとっては万々歳なのである。

一方で、習志野の美爆音や智辯和歌山のジョックロックのように、グラウンド以外から放たれる魅力というものもある。そうしたワクワク感をもっと提供できるようになれば、きっと僕らの味方は増えていくだろう。

だからこそ、応援などの目に見えない力、注目される力も必要になってくるのだ。もちろん選手たちの能力を伸ばし続けるための取り組みは不可欠だが、こうした無形の力が多ければ多いほど日本一は近づいてくるのではないか。運や勢い、応援、実力。それらが奇跡的にすべて揃った時に、初めて甲子園で優勝できるのだと僕は思っている。そういう目に見えない力は、一瞬でできるものではない。やはり、伝統として積み重ねていく中で生まれるものだ。九州大会の優勝旗を手にした生徒たちを見ながら、そんなことが頭をよぎったのだった。

明治神宮大会の負けがもたらした効能

九州大会の優勝によって、2019年は初めての明治神宮大会も経験できた。もちろん優勝を狙って乗り込んだが、さすがに全国は甘くはない。延長10回タイブレークの末に関東王者の健大高崎に4-5で敗れ、新チーム発足後の公式戦・練習試合を通じて、ベストメンバーで味わう初黒星を喫してしまうのだった。僕らにとっては「日本一」を目標に掲げて迎えた、初めての全国大会だ。さすがにここでの敗戦は堪えたが、野球の神様から「まだまだ日本一になるには早いよ」と言われているのだと自分に言い聞かせ、すぐに前進を再開するしかなかった。

健大高崎は、さすがに2011年以降だけで甲子園出場7回の実力者だった。高校野球界に一大センセーショナルを巻き起こした「機動破壊」の総本山だけあって、しつこく、いやらしい。たしかに九州ではあまり体験できない特色のある野球だった。相手の走者が三塁にいる状況で、僕がマウンドにいる投手に向かって「クイックで投げろ！」と大声で指示するということは、まず大分県や九州ではなかったことだ。それぐらい、相手はホームスチールを狙っているという雰囲気を常に漂わせていた。２０１９年センバツの習志野戦がそうだったように、ここでも自分の発想にはなかった野球に触れることができて、野球の幅をさらに広げなければいけないと痛感したのである。秋の全国大会を戦えることの意味は、そういうところにあるのかもしれない。

負けて得るものも少なくなかった。まずは秋の各地区を勝ち上がってきた王者の群れの中に入っても、充分にやっていけるという手応えを得たこと。各地区のチャンピオンに対して、置いていかれているという劣等感もいっさいなかった。もちろん神宮出場校以外にも、神宮クラスかそれ以上の実力を備えたチームもある。舞台が甲子園ともなれば、より厳しいトーナメントになることも重々理解しているつもりだ。しかし、僕らは充分に勝負できる。僕を含めてチーム全体がそんな自信を手にすることができたのは大きい。

また、神宮の負けと日本一という目標をリンクさせて話ができるようにもなった。練習に甘さが感じられた時に「そんな練習しかできないのなら、もう日本一などと口にするのはやめてくれ」と言えば、生徒は自ずと前を向いてくれる。彼らにとっても新チーム発足以降の初黒星だっただけに、明治神宮大会以降は「日本一」という言葉が以前にも増して大きな効き目を発揮するのである。

これを口にすることで、言われた生徒はもちろん、言った僕自身も現実に立ち戻ることができる。だから冬の間もレベルの高い競争を続けながら、厳しい雰囲気の中で練習を続けることができた。以前のように生活面で注意することもなくなり、チームはいよいよ目標に向かって一枚岩になってきたと感じる日々だ。

大阪桐蔭は現代高校野球の究極形

「全国制覇を目指す」とはいっても、日本一への道のりはなかなかイメージしづらいものがある。僕自身も甲子園で優勝を経験しているからこそ、甲子園の頂点に立つことがいかに難しいかを理解しているつもりだ。僕らが優勝した年も、和歌山大会ではいつ負けてもおかしくなかった。決勝では僕のミスによって絶体絶命の窮地にも立った。つまり、甲子園で優勝する能力があるチームであっても、地方大会で負けてしまう可能性は充分にある。それが、他の競技に比べて勝つことが非常に難しいと言われる高校野球なのである。

たしかに目標達成までの過程はイメージしづらいのだが、優勝を本気で目指すチームの姿だけはすでに描けている。ズバリ「王道の極み」である。小手先を駆使した小技を用いて、誤魔化しながら勝っていったとしても、最終的に頂点には届かないだろう。だから僕が奇策を用いることは少ないし、全員にバットを指1、2本余らせて持たせ、確実性を上げるためのスイングで単打を積み重ねろという指導も行っていない。

やはり、理想の先にあるのは走攻守のすべての面において圧倒的な、近年の大阪桐蔭ということになる。レベルの高い左右の投手を揃え、打撃も力強く、走塁レベルも高い。また、自分の頭で考えながらプレーできる選手も作り上げられている。これこそが、僕の求める「王道」の形といっていい。

もちろん、髙嶋先生が築き上げた智辯和歌山も意識の中にはある。ただ、僕が1年生の時に優勝した1997年の智辯和歌山と、2018年に春夏連覇を達成した大阪桐蔭が試合をしたら、おそらく勝利を手にするのは後者だ。野球という競技は凄まじいスピードで進化を遂げている。日本一になったからといって、25年近く前のチームを目標にしているわけにはいかないのである。

この間にも、野球は進化し、様変わりしていった。社会の構造も野球部の在り方も変わり続けた。それでも勝ち続けた髙嶋先生はやはり異次元の存在だとあらためて思う。ただ、近年相次いでユニフォームを脱いだ髙嶋先生や元横浜の渡辺元智監督といった多くの先人の思いを継承した我々次世代の指導者は、そうした進化のスピードに付いていったうえで、最先端のさらに先にいる学校に勝っていかなければならない。

その最先端の先にいるのが、現時点では間違いなく大阪桐蔭だ。つまり、大阪桐蔭とは現代高校野球の究極形ともいうべき存在だと思っている。

大阪桐蔭に憧れない者は○○だ！

選手はもちろんだが、現在の大阪桐蔭に憧れない指導者はいないと思う。どう考えても「ああいうチームになりたい」、「大阪桐蔭のような強さを備えたい」と思うはずで、それでも「いや、そんなことはない」と言っている人は、よほどの偏屈だと言わざるを得ない。高校野球の指導者であれば、甲子園での大阪桐蔭を見ながら「こんなこともできるのか。あんなに打球が飛ぶのか。こんな凄い球を投げるのか」、「こんなタイミングでショートの子が間合いを取ってくれるんだ」、「キャプテンもこんなコメントが出せるのか」と感じ入る人がほとんどだろう。そのすべてを自チームの選手に置き換えてみれば、大阪桐蔭がいかに凄いかを痛感させられるはずなのだ。

「日本一を狙う」と宣言した翌日、僕はさっそく大阪桐蔭の西谷浩一監督に電話した。8月の関西遠征中に練習試合をお願いできないかと頼み込んだのである。残念ながら実現には至らなかったが、僕らも「日本一を狙う」と言った以上は、毎年本気で日本一を狙っている学校を体感しなければならないと考えたのだ。

西谷監督は、結果が出ずに苦しい時期であっても姿勢は一貫している。「どんなにチーム状態が悪くても、日本一を目指す気持ちが変わることはない」といったコメントを発し続けるのである。こうした西谷監督のコメントに触れるたび、たとえ甲子園に出ていなくとも「我々は常に日本一を狙う集団でなければならない」という意識付けを徹底していると感じるのだ。そこでも僕は、本気であればなおさら「日本一」と口に出し続ける必要があると教えられた気がする。

スタイルの違いこそあれ、髙嶋先生もそこは同じだった。「日本一になるためには日本一のピッチャーを打たないと」と言って160キロの高速マシンで練習し続けたことは知られているが、とにかく事あるごとに「日本一」を口にしていた。今にして思えば、僕の高校時代、コーチ時代は常に身のまわりに「日本一」という言葉が飛び交っていた。また、日本一になるチームとは、そうでなければいけない。そんなことを最近になって痛切に感じるのである。

地方から狙う天下獲り

昭和の時代には、四国や広島県といった瀬戸内圏内の学校が高校野球界の頂点に君臨したこともあった。また、2000年代に入って沖縄尚学と興南の沖縄勢を筆頭に佐賀北や清峰（長崎）といった九州勢が入れ替わり立ち替わりで甲子園を制したが、いずれも甲子園で黄金時代を築くまでには至っていない。

やはり長きにわたって甲子園で一大王国を築いてきたのは、関東や近畿、東海といった大都市圏内にある学校ばかりだ。とくに平成年間でその傾向が加速した感は否めないし、興南の春夏連覇以降、敦賀気比（福井）が優勝した2015年春を除く甲子園タイトルをこの3つの地方で占めていることを考えれば、ここ10年でますます拍車がかかってきたようにも思われる。

しかし、僕自身は地方が勝つチャンスを完全に奪われたわけではないと思っている。この大分県からでも、大阪桐蔭のような常勝軍団が生まれる可能性は充分にある。だからこそ僕は「日本一」という目標を掲げたし、生徒たちもそれを信じて「本気で甲子園優勝を狙う」と言えるまでに成長してくれたのだ。

八戸学院光星（青森）の仲井宗基監督や、秀岳館（熊本）時代の鍛治舎巧監督（現県岐阜商監督）は「地方を天下の中心にしてみせる」と懸命に活動し、全国上位の結果を残してきた。ただ、本当の意味で覇権が地方に移るという偉業はまだ達成されていない。地方の学校が高校野球の中心に君臨するということに僕も大きな夢を感じるし、それを最初に実現するのが僕ら明豊でありたいと強く思う。

大分県にはＪ１の大分トリニータをはじめ、フットサルやバレーボールのプロチームが活動しているし、過去にはプロバスケットボールのチームも存在した。２０１９年にはラグビーワールドカップの開催地となり、地方会場では唯一決勝トーナメントを２試合開催したのも大分県だ。遠く２００２年のＦＩＦＡワールドカップでも、大分県は九州で唯一の開催地となった。高校野球でも津久見が春夏の甲子園を制覇した実績がある。このように、大分県は球技熱が非常に高い土地柄なのである。

また、内川聖一選手や今宮健太選手、甲斐拓也捕手（いずれも福岡ソフトバンク）、さらには山口俊投手（ブルージェイズ）や源田壮亮選手（西武ライオンズ）、森下暢仁投手（広島）といったトップクラスのプロ野球選手たちを大分県はコンスタントに輩出しているし、明豊高校自体も野球部の他に卓球部や剣道部など、日本一を狙える運動部がたくさんある。こうした地元の熱量も味方にして、なんとか地方から日本一へと駆け上がりたいと思っている。

最終章

野球界の未来へ

高校野球の力がもたらすもの

野球人口減少に対する「目に見えない対策」

野球人口の減少が嘆かれるようになって、いったいどれだけの年月が経ってしまっただろうか。そして、こうやってその危惧を口にしている間にも、刻々と各地の野球少年の数は減少を続けているのである。

僕自身が中学生の生徒募集に回りながら感じるのは、野球人口減の波は中体連の軟式野球部に留まらなくなっているということだ。一時はシニアやボーイズといった硬式クラブが勢力を増したことで、部活動としての軟式野球部が人員確保に苦しんでいるという言われ方をしていた時期もあった。しかし、現状はそうとばかりは言い切れない。硬式チームに所属する子供さんの数も明らかに減少しており、とくに新チームとなって以降は単体で大会に出場できないクラブも増えてきている。つまり、これは軟式・硬式というそれぞれの範疇に収まるものではなく、野球というスポーツ全体に関わる問題、つまり死活問題であるということを、野球界全体で認識する必要があるということだ。

様々な対策が各所で講じられているし、僕にもいろいろと考えるところはある。そんな中、目に見える対策と目に見えない対策というものがあると感じるのだ。まず、僕は野球界の未来に対する危機感を抱き、建設的な意見を持ちながら、数年先、数十年先の野球界を守っていけるような人材を育てたいと考えている。

僕には、プロ野球選手をたくさん育てたいという願望以上のポリシーがある。明豊を卒業していく生徒には「良い指導者になってほしい」と思って指導しているつもりだ。もちろんプロ野球選手を輩出すれば、その選手に憧れて競技人口が一時的に増えるかもしれないが、ひとりの選手がプロ野球選手になる可能性は限りなく低い。それよりも、僕が教え子たちには望むのは、彼らが野球界の先輩として、子供たちを正しく導いてあげられるような指導者に成長してもらいたいということである。

指導者といっても決して高校野球に限ったものではなく、プロアマ、学生とどんなカテゴリーでも構わない。または親として、自分の子供や近所の子供たちに野球を教えるという形であってもいい。野球に携わってきた先輩として、野球をやっているまわりの子供たちに教えられることはいくらでもあると思う。その過程で、野球の楽しさや素晴らしさを伝えながら、どうすれば野球界の未来がより良い方向へ進んでいくのかを考え、行動に移してもらいたいのである。

教え子たちがやがて指導する側になった時、人間的な部分であったり技術的なことであったり、野球をするうえで伝えてほしい言葉を、生徒にはたくさん持たせて卒業させてあげたい。これが僕の考える「目に見えない対策」である。抽象的に受け取られるかもしれないが、根本にあるべきスタンスとしては決して間違ったものではないと信じている。

野球教室という「目に見える対策」

明豊では２０１８年から学校行事の一環で、小学生や幼稚園児を対象にした野球教室を行っている。２０１９年12月に開催した第２回教室には、県内各地から１５０人近くの子供さんが参加してくれた。この催しは、僕も加入している昭和56年会のメンバーでもある東京の都立新宿高校・田久保裕之監督からヒントを得た。僕も以前からやってみたいと考えていたが、新宿がすでに取り組んでいるというのでいろいろと参考にさせてもらった。

野球教室とはいっても、野球の細かい技術を指導するわけではない。引退した3年生や現役生が子供たちと一緒に野球をして、野球というスポーツの楽しさを少しでも体感してもらおうという企画である。すでに少年野球チームでプレーしている小学生には、明豊の選手が間近でプレーを見せる。「スゲー」、「カッコいい」と羨望の眼差しで高校生を見つめる子供たちの姿がなんとも印象的だ。

また、野球未経験の女の子や幼稚園児には、高校生が考案した玉入れとか、キックベースに似た置きティーゲームでのボール遊びに興じてもらう。甲子園で活躍した高校生のお兄ちゃんたちと一緒に遊びながら「投げる、打つ、走る」といった野球の動きに触れることで、子供たちは一様に楽しそうな表情を見せてくれている。

２０１８年の第１回教室の時は、特別ゲストとして髙嶋先生にもお越しいただいたが、髙嶋先生が前面に立たなくても明豊の選手たちは本当によく動いた。中には幼稚園の先生か少年野球の指導者ばりに子供の扱いに長けた者もいる。このように、普段はなかなか見ることができない生徒の意外な一面に触れられることも、僕にとっては大きな発見であり喜びなのである。

甲子園出場が増えたことで、子供たちや保護者のみなさんはこちらが思っている以上に明豊の生徒のことをよく知っている。野球教室では小さな子供たちから「一緒に写真を撮ってください」と記念撮影をお願いされる生徒も少なくない。「お願いされているんだから、喜んで引き受けなさい」というのが僕のスタンスだ。甲子園球児に肩を抱かれた子供たちや、それを撮影している保護者の方、そして一緒に写真に収まる生徒たちの嬉々とした表情から、高校野球が内包している力の大きさがひしひしと伝わってくるのである。

ある時、明豊の生徒20人ほどが、ひとりのお子さんを囲んで楽しそうに笑っている写真が学校に届いた。そこに「一緒に撮ってくれて、ありがとうございました」と書かれた手紙が同封され「来年もぜひ参加したいです」というメッセージも添えられていた。思い返せば僕自身が高校野球をやっているお兄ちゃんに憧れた少年だった。また、僕が天理のユニフォームに憧れたように、この地域の子供たちが明豊のユニフォームを見て憧れを抱いてくれているのであれば嬉しいし、そうやって野球への関心を抱き、ひとりでも多くの少年少女が野球を続けてくれるのだとしたら何よりも幸せである。

憧れの的がすべてプロ野球でなくてもいい。むしろ、遥か遠いプロの世界よりも身近に憧れの存在があるというのは、子供たちにとってはものすごく大きなことだと思う。許されるならば「明豊カップ」といった少年野球や中学野球の大会を開催したい気持ちもあるが、中高の関係性や日程的なことを考えれば、なかなか現実的ではない。今の野球界の構造でやれることは限られており、僕らはその現行のルールの中でできることを考えていくしかない。そんな状況で、現在の野球教室が今の僕らが考える精一杯のアイデアであり、アクションなのだ。

ありがたいことに、多くの子供たちに憧れを抱いてもらえる一番の高校スポーツは、依然として野球である。まだそれだけの力を野球界が有している間に、より有効的な施策を打ち出し続けていく必要はあると思う。

子供たちに溜息をつかせてはいけない

高校の指導者は、中学野球の現場に踏み込んでいくことができない。また、小学生が相手であっても、時間の都合などもあり、なかなか接点が持てないものだ。少年野球を指導しているみなさんにお願いしたいことはたくさんあるが、僕らが直接行動に移しにくい現状だからこそ、この本を介して伝えておくべきことはしっかりと伝えておきたい。

まず、第一にお願いしたいのは「野球が好きだ」という根本的な気持ちを子供たちに持たせてほしいということだ。「野球の練習に行くのが楽しい」という気持ちを持たせたうえで、ステップアップさせていただきたい。子供たちに「あぁ、今日も練習か……」と溜息をつかせてはいけない。練習に行けば、みんなと会える。みんなと野球することが楽しい。そんな気持ちを抱かせながら、指導にあたっていただきたいと切に願う。

高校生になって「あぁ、今日も練習は楽しいな」と笑顔で野球をしている生徒は少ないのかもしれないが「野球は楽しい」という思いがベースにあれば、高校になって練習のレベルが上がっても、子供たちはなんとか乗り越えようとしてくれるものだ。もちろん、勝つことは何より嬉しいことで、チームである以上は勝つために練習をしているはずである。ただ、子供たちの気持ちを置き去りにして勝利だけを求めすぎてしまうと、やがて子供たちは溜息をつきながらグラウンドを去っていくだろう。

また、正しい投げ方、正しいキャッチボールというものを、小さな頃から指導してあげてほしい。おかしな癖を持ったまま高校に来ても、なかなか治るものではない。打ち方や捕り方ならともかく、投げ方や走り方は簡単に矯正できないのである。みなが同じ角度で同じ投げ方をしている必要はない。先ほども述べたように、無駄のない動きの中で肘から上げて送球するという基本ができているだけで充分なのだ。ここでも大事なのは、目先の勝利だけを考えたアドバイスではなく、中学、高校と上のカテゴリーで続けていけるだけの基本をアドバイスすることだ。

少年野球の監督をした経験はないが、僕も試合をすれば勝ちたいと思うだろうし、負けたくないという気持ちも痛いほど理解できる。また、勝ちにこだわってやっているから、見えてくるものもあるだろう。少年野球の試合で負けて涙を流す子供たちを見て「こんなに小さな子供でも、ここまで勝ちたいと思って野球をしているのか」と感心することは少なくない。

それはそれで凄いと思うが、中にはそこまでの気持ちに達していないままプレーしている子供たちもいる。そんな子に対して「お前は負けて悔しくないのか！」と言って泣いている子と同じ基準に持っていこうとすると、泣いていない子はたちまち野球が面白くなくなってしまうだろう。だから「子供はこうあるべき」、「ウチの子供はこうだ」と決めてかかるのではなく、もう少し大きな心で子供たちのスタンスというものを見てほしい。

なぜ野球ばかりが危険視されるのか？

平成が終わり、世の中は令和という新時代を迎えた。２０２０年の東京五輪・パラリンピック開催を機に、社会のあらゆるものが大きく変化していくと予想される中で、高校野球も選手権大会は開催１００回を超えて「次の１００年」に向けて着実に踏み出している。「旧態依然としすぎている」といった批判に晒されることが多い高校野球の世界だが、この数年だけを切り取っても事態は大きく変化している。投手の障害予防と選手保護を念頭に置いたタイブレーク制の導入や「１週間５００球以内」といった、僕らの子供の頃にはまるで考えられなかった新ルールが次々に採用されているのだ。そういう意味では、我々野球人も過去に経験したことがないような大きな岐路に立たされていると言えるのかもしれない。

しかし、僕は正直なところ、球数を制限するということに関しては基本的に「否定的」である。これがプロや社会人、大学などすべてのカテゴリーが同じルールの下で、100球なら100球と統一しているのであれば、野球はそういうスポーツなのだと受け入れることはできる。しかし、現状ではそういった統一ルールはなく、高校だけの独自ルールで行うというのもいかがなものかと思う。

仮に「高校生は100球」と限定されれば、大学に行って活躍したいと思っている投手は、大学に行って初めて100球超を投げる準備にかかることになる。そこに至る過程、つまり高校時代にそれなりの準備をしていなければ、大学の試合で投げた段階で「危険だ」、「壊れる」と、これまでと同様の議論を巻き起こすことになるだろう。

また、投手の人数を多く揃えられるチームはさして影響はないだろうが、ギリギリの人数で戦っているチームは、球数が制限されることによって本職が投手でない野手が登板することにもなる。本来は投げ方が悪くて投手を回避している選手が、ルールによって仕方なく登板せざるを得なくなるのである。これではかえって故障の危険が増すばかりだ。

そもそも、どうして野球だけが危険視されるのだろうか。真夏の炎天下で42・195キロを走ることはどうなのか？　バレーボールの選手がスパイクを打つ時に、ジャンプと着地を繰り返しながら膝に負担を掛けている点はどうなのか？　アマチュアボクシングはヘッドギアを着用しているとはいえ実際に殴り合っているし、サッカーでもヘディングで脳や首に負担をかけている。

２０１９年、日本中に大きな感動をもたらしたラグビーワールドカップでも、流血しながらプレーしている選手はたくさんいた。高校生のスポーツと一般とでは違うという意見もあるが、人間がやっていることに変わりはない。社会を挙げて野球の投手の肩や肘を危惧する一方で、鍛え上げた大きな体同士のラグビー選手が凄まじい勢いでぶつかり合い、チームのために体を張る姿を見て「素晴らしい、感動した」と言うのは、ちょっと矛盾していないかとも思う。また、インターハイのサッカーは２０１９年大会を見ても、休養日を含む6日間で最大6試合と野球以上に過酷な日程で開催されているのだ。

僕は他の競技に対してリスペクトの念を抱いているし、野球以外のスポーツをプレーすることも観ることも大好きだ。それぞれの競技に特性があるからスポーツには多様の面白さがあるのであって、各競技ごとに「それを言われちゃ競技にならない」というポイントはたくさんあるはずである。言うまでもなく、子供たちの体を大人が守ってあげることは何よりも優先されなければならない。それが大前提としてあることも疑う余地はない。一方で競技ごとに「○○はこういうスポーツだから」という前置きがあり、その中で目標に向かって万全の準備をすること、怪我をしない体作りを練習で行うことも、スポーツが持つ大切な要素である。

そのあたりの線引きの仕方や判断の基準を統一することは、現実的に難しいのではないかと思う。投球過多や投手の障害予防に関する考え方にも様々な意見があるのは当然で、だからこそすぐに正解を導き出せないのかもしれない。

相反する医学的見地と現場の経験

一度だけ、入学時に生徒の肩や肘を医療機関に診断していただいたことがある。結果、その時に入学した20人中12人か13人が「今は練習しない方がいい」という診断を下されたのだった。捕手として入部してきたセンバツ4強世代の五番打者・藪田源（福岡大）は「このまま捕手を続けていたらつぶれる」と診断され、それを理由に「外野に行きます」、「一塁に回ります」とポジションを転々とすることになってしまった。

「このまま続けていたら肘にメスが入るよ」

「まだ入ったばかりだから、チームに迷惑の掛からない今のうちに手術をした方がいい」

その時点で痛みを発症していなかったとはいえ、そんな言われ方をすれば10代の子供は怖いに決まっている。「高校3年のシーズンに間に合うように」と言われても、練習ができない間に有能な下級生はどんどん入ってくるし、がっちりとレギュラーを掴んでいる生徒がいれば、数か月間で挽回するのは至難の業だ。だからこそ「高校に限定するからダメなんだ。もっと先を見据えて野球をするべきだ」と言われても、現場サイドとしてはそう簡単に賛同しかねるのである。

この時は僕の方から「手術しろ」、「痛くないいんだったら練習をしろ」などとはいっさい言わず、親御さんと本人の判断に委ねた。そして、藪田は手術に踏み切らなかった。結果的に「肘が痛い」と言ってセンバツ後の一時期に戦列を離れることになるが、彼にとっては手術をした方が良かったのか、しなかった方が良かったのか。センバツの横浜戦では2度の満塁機でいずれも走者一掃の長打を放ち、6打点を挙げる大活躍を演じてそれが彼の進学先の決め手にもなった。入学して早々に手術していれば、3年春以降の怪我は防げたかもしれないが、野球によって進路を切り開くことはできていなかったかもしれない。

この時に受けた説明によると、医学的には「人間の成長曲線は21歳ぐらいがピーク。そこで最高のパフォーマンスを発揮できるように合わせていけばいい」という見地があるのだという。21歳といえば、大学3年である。その時に最高のパフォーマンスを発揮するといっても、まずどうやって大学の野球部に名を連ねるつもりなのだろう。高校時代に野球の楽しさを知らないまま、どうやってモチベーションをキープすればいいのか。もちろん高校で試合に出ていなければ、大学から声が掛かることもないだろう。たとえ医学の見解通りに21歳でピークが来たとしても、活動はサークル的な野球に限定されることになる。それでも構わないというのなら結構だが、そこで後悔したとしても、僕には過ぎてしまった時間を取り戻してあげる力はないのだ。

医学的見地から物事を見ることをいっさい否定はしない。むしろ、僕にはない知識ばかりで「なるほどな」と思うことも多い。しかし、医学的に説明できない気持ちや感情が人を動かす原動力になることもある。このように、医学的見地と現場とのズレはたしかに存在している。お互いの見識と経験が相反することが多いため、これらすべてを一本の意見に統一することは、現状では極めて困難と言わざるを得ない。

ベンチ入り人数の増加とDH制導入を

僕は「投げさせろ」と言っているのではない。球数を制限する以前に、打ち出すべき施策は他にもあるのではないかと思うのだ。

まずはベンチ入りの人数を大学と同じように25人ほどに増やすのである。第一に現状18人の甲子園を、地方大会と同じ20人にしてみてはどうだろう。ベンチ入りメンバーが増えれば自動的に投手の数も増えるため、登板過多の防止にもなる。どうしても現在の18人にこだわらなければならない理由が僕ら現場にはなかなか伝わってこないだけに、それなら思い切ってトライしてみてはどうか。何より、現在議論されている様々なルール変更以前に、僕個人としては優先的に考えてほしいと思うところである。

投手の負担を減らしたいというのなら、指名打者（DH）制導入も検討の余地はあると思う。投手が出塁し、長時間にわたり塁上にいることで投手の体力は奪われる。これが試合を通じてなくなれば、大きな負担軽減となるのは間違いない。そもそも最近は中学校から投手専門でプレーしている子供が増えているので、打撃の良い投手が少なくなってきている。となれば、なおさらDH制は有効だと思う。

DH制が議題に上がれば「エースで四番のチームはどうする？」といった意見がすかさず出てくるだろう。しかし、そんなことを言っている間は何も進まない。DH制を義務化するのではなく選択制にするという方法もあるし、投手の打撃が良いというのであれば、他のポジションの選手に代わってＤＨを入れればいい。または、まったくＤＨを使わない、という戦略があってもいいと思う。ＤＨは投手を助けることにもなるし、これを採用することによって単純に試合に出場できる生徒が増えるのだ。出場しなければ誰の目にも留まらないのだから、試合に出場することで、ひとりの生徒の将来が開ける可能性も出てくるのである。教育的な観点から考えても、じつに有意義な施策ではないだろうか。

さらに、バットの規格変更にも取り組む必要があると思う。これも投手を保護するうえでは大事なことだ。現在のバットは高性能すぎて、あまりにも飛びすぎで打球も恐ろしく速い。投手だけでなく、打者との距離が近い一、三塁手も同様に危険である。僕も毎日、打撃投手をやっているが、金属を使用する打者に投げる際はすこぶる恐怖を感じる。僕の反応スピードが落ちているのかもしれないが、打球速度は数年前に比べて明らかに上がっていると感じるのである。

甲子園を目指さない組織と国体のあり方

まず、卒業後の進路にプロを見据えたり、長期的に野球をするということを前提に置いたりしているからこそ、投手の障害予防に関する議論はここまで加熱するのだと思う。これは極論だが、球数制限の中で野球がしたい団体を作ればいいのではないか。球数制限をしないと投げられない、投げたくないというのであれば、高野連とは別に甲子園を目指さない組織を作り、そこで全国大会を開催するというのもひとつのアイデアである。

全員一律のルールの下でやっているから「それは必要だ」、「いや、必要ない」と意見が割れてしまうのである。42・195キロのフルマラソンを走る人も、あえてそれを選択して競技に取り組んでいるから非難されることはないのだ。甲子園を目指さずにプロを見据える。そういう人や団体が存在することを、僕はおかしいとは思わない。僕らのように甲子園を目指すことを大前提として、そこからさらに上の世界を目指すという集団と、甲子園を通過点とせずにいきなりプロを目指す。これらを両立させ、いっそ選択制にしてみてはどうか。

また、夏が終わって引退した3年生だけでリーグ戦を行うのも面白い。秋季大会中であり、3年生の進路のことや指導者の数が足りない事情もあるので実現は極めて難しいと思うが、連合チームを編成するなどして技を磨く場所を提供してあげることも大事ではないだろうか。ましてや、高校より上の世界で野球を続けたいという選手が数多く存在するのだから、教育的配慮のうえでも非はないはずだ。

　また、国民体育大会（国体）は県選抜による競技会にならないものだろうか。現在、国体の高校野球は夏の選手権大会ベスト8進出チームと、これに準ずる成績を残したチーム、開催県の選手権代表校を加えた12チームによるトーナメントで行われている。甲子園で活躍した3年生にとってはこれが高校生活最後の大会ということもあり、実施競技の中でもトップクラスの観客動員を誇るなど大きな注目を集めている。

　ただし、国体の高校野球は公開種目に過ぎない。国体は男子が天皇杯、女子が皇后杯といって各競技の上位入賞で得られる総得点で各県の順位が付けられるのだが、高校野球は公開種目のため、たとえ優勝したところで天皇杯のポイントには加算されないのである。つまり、地元にまるで貢献できないのだ。

　これでは、県代表としての責任感や緊張感が生まれるはずもない。しかも、同時期に春の甲子園出場を賭けた秋季大会を開催しているのだ。そんな状況で、すでに引退している3年生を中心に、リスクを冒してまで国体のタイトルを獲りに行こうと思わないチームが存在しても不思議ではない。

　これが、夏に引退した3年生たちの県選抜チームによって争われる得点対象の正式競技となれば、現場のモチベーションは格段に盛り上がるだろう。他の競技のように「ふるさと選手」枠で県外の学校に進学した選手を2名まで登録できるようになれば、ファンの関心も一層高まるだろう。

　ここに選ばれる選手には、代表ユニフォームに袖を通すだけの理由がある。高い能力を備えた猛者たちが「こいつには負けられない」、「この学校の選手には負けられない」、「チームを代表して、こういう部分を見せつけたい」と選手同士のプライドをぶつけ合うことで、団体スポーツがもっとも大事にしなければならない「人間の活性化」にも繋がるのである。「他人に負けたくない」、「あいつよりも強くありたい」、「俺が一番目立ちたい」という思いが、選手として本来抱くべきモチベーションだ。しかし、現在の国体のシステムだとそうした競争力はまず発生しないのである。

　２０１９年の国体では、智辯和歌山・中谷監督の提唱によって、智辯和歌山と星稜の試合が木製バットを使用して行われた。これはプロや大学、社会人にステップアップする３年生たちの未来を考えての施策だった。少なくとも、こうした各チームが持ち込んだテーマを表現することが許される大会であってほしいと思う。

春の大会を重要視する本当の理由

過密な大会日程についても取り沙汰されることが多くなった。ただ、対策は講じられており、近年は準決勝や決勝の前日に休養日を設けるようになった。大分大会に至っては、準々決勝も2試合ずつに分けて行うため、大会後半の日程にはさらに余裕がある。だから僕は現状の日程編成について、まったく異存はない。

結果が全国大会に直結しない春季大会の意味を問う声も根強い。開催時期も地区によって異なり、新入生の加入を受けて予選を行う地区もあれば、九州地区のように対外試合解禁後すぐに2学年のみで実施している地区もある。

もし仮に春の九州大会がなくなってしまったとしたら、僕ら指導者がもっとも頭を抱えるのが進路の問題である。いや、生徒の進路を大事に考えている指導者ほど、春の大会を重要視しているはずなのだ。

大学進学を考えた時に、甲子園に繋がらない春とはいえ「九州大会出場」という肩書があるのかないのかは非常に大きい。このことをスポーツ推薦においては重視する大学も少なくないからだ。春の九州大会に出場したということは、予選にあたる県大会で優勝しているか、センバツに出場したことで推薦を受けたことを意味している。甲子園に出たメンバーは、その時点で大学側が求める一定以上の条件を満たしているが、それ以外の選手にとってはそこから資格を作っていかなければならない。

もちろん春の九州大会に出場するからには、全力で優勝を獲りに行く。秋春に関係なく、それだけ「九州」のタイトルは大きなものである。しかし、それまでにメンバー外だった生徒にもチャンスを与え、経験値を植え付け、育成と競争を兼ねながら勝ちに行くわけだから、春に勝つことは決して容易なことではない。

もし、すべてが甲子園に繋がる大会だけになってしまえば、ガチガチの固定メンバーで戦わざるを得なくなるだろう。そうではない大会がある以上、僕はひとりでも多くの生徒に大会を経験させ「実績」というラインをクリアさせてあげたい。「一緒に頑張ろう」という僕の言葉を信じて入ってきてくれた生徒たちだけに、最後まで道筋を作ってあげることは当然の責務だ。

もちろん春に実績を残した生徒が、その後の数か月間で大きく飛躍することもある。実戦経験に乏しい生徒が春にチャンスを掴み、逆転で夏のベンチ入りを掴むことも珍しいことではないのだ。こういうチーム力の高め方もある以上、僕は春の大会を大事にしたい。

「甲子園の力」と「高校生の可能性」

高校生に問いたいのは「なぜ野球をやっているのか？」ということだ。おそらく、親や他の誰かに頼まれてやっていると答える者は皆無だろう。一番の動機は「野球が好きだ」ということに他ならないはずだ。

であれば、高校生ぐらいになったらやるべきことは自覚していないといけない。たとえ細部までは理解していなくとも「なぜトレーニングをするのか。なぜバットを振るのか。なぜご飯を食べるのか」ということの理由ぐらいは理解してほしい。

そこからやるか、やらないかは本人たち次第である。ただ、本当に好きなことなら、目いっぱい頑張ってみてはどうかと思うのだ。社会に出れば、嫌いなことにも頑張らないといけない場面はたくさんある。生徒の保護者さんにしても、息子を学校に通わせるため、息子に大好きな野球をさせるために、嫌なことにも頑張っている方がほとんどだと思う。生徒は「好きな野球を目いっぱい頑張ればいい」と言われている状況の中にいるのだから、思い切って頑張ってほしいと強く望む。

「好きなことに熱中したり頑張ったりできない奴が、嫌いなことや辛いことに頑張れるわけがない」というのは、僕が高校時代に高嶋先生から言われていたことだ。こう言うだけでも、ほとんどの生徒は行動に移してくれる。高校生は本当に素直な年代だ。そして、そんな無垢な心は、時としてとてつもないエネルギーを放ち、社会に大きな影響をもたらすのである。

劇的な勝利の連続で、甲子園ベスト8まで進出した2017年の夏が終わった頃、学校に1通の手紙が届いた。そこにはこんなことが書かれていた。

「いろいろと社会に疲れて、引きこもりがちになってしまいました。普段はあまりテレビを観ないけど、たまたま合わせたチャンネルが甲子園の中継で、明豊の試合でした。あんなにも諦めずに頑張っている高校生がいるのだから、自分ももう一度頑張ってみようと思いました」

その時ほど、高校野球の持つ力、高校生が秘める可能性の大きさを実感したことはなかった。ちょっと言葉で表現するのは難しいのだが、明豊の野球部が一生懸命取り組んでいる姿が誰かの力となり、誰かの勇気に変わっていたのである。以前から生徒には「お前らはいろんな方々から応援してもらっている。様々なところに影響を及ぼしているんだ」と言ってはいたが、その手紙をいただいて以降は、より実感を込めて伝えるようになった。

また、僕らが「大分県代表」であるということをあらためて強く感じたのも、この時である。その方も普段は野球中継を観ていないのかもしれない。しかし、それが大分県代表の試合だったからテレビを観てくれたのだろう。甲子園には、普段まったく野球を観ない人をも惹きつける力がある。また、その場所に県を代表して出場しているということは、代表校もそれだけの責任と自覚が備わっていなければならないのだ。

おわりに

生きて野球ができるということ

正直なところ「野球はしんどいな」と思うこともある。試合に負ければ苦しいし、生徒のためにも苦渋の決断を迫られる時だってある。しかし、僕には弱音を吐いていられない理由がある。それは、指導者としての原動力といってもいい。

僕は中学時代にボーイズリーグでプレーしていたが、別のチームの同級生に「一緒に智辯で野球をしよう」と約束していた選手がいた。明らかに僕とは別次元の選手で、地元では誰もが認めるスーパースターだった。彼が「智辯に行きたい」と言い出したことで、もしかしたら一緒に智辯和歌山で野球ができるかもしれない、と楽しみにしていた。

しかし、彼は智辯和歌山ではなく、四国の強豪私学・尽誠学園へと進学した。後日、僕が髙嶋先生に「なぜ彼を獲得しなかったのか」と尋ねたら「完成しきっていたからや」というひと言だけが返ってきた。あの髙嶋先生に「完成している」と言わしめる中学生である。そのことだけでも、彼がいかに凄い能力を備えていたかはご理解いただけると思う。

1年生の時に6月の四国遠征で彼と再会し、Tシャツを交換したり近況を報告し合ったりした。「夏にはベンチ入りできるかもしれない」という言葉も決して大言ではない。彼は堂々と練習試合にも出場していたし、1年夏のメンバー入りは充分に実現可能だろうと僕の目には映った。

その後、連絡が取れないまま月日だけが過ぎていく。ある日、実家の父親が「これを見てみろ」と言って、僕の目の前でスポーツ新聞を広げた。「尽誠学園の1年生、練習中にピッチャーライナーを頭部に受けて意識不明の重体」という控えめな見出しを目にした僕は、頭の中が真っ白になった。結局、彼はそのまま帰らぬ人となってしまったのである。

僕らがベスト4入りした3年夏の甲子園では、3回戦で尽誠学園と対戦した。試合中に「あいつが普通に野球ができる状態なら、今まさに対戦していたんだな」と何度も思ったし、同じ年に出場した秋の国体初戦でも尽誠学園と対戦し、再び彼の無念さと僕自身の「現在」を深く考えることとなった。

母親から「そのシャツと一緒に行きなさい」と言われ、僕は彼からもらったTシャツをお守り代わりにして甲子園に行っていた。また、僕が大学野球を終えるまで、練習試合を含めたすべての試合で彼のTシャツをバッグの中に忍ばせていた。

僕は今でも苦しい時にこそ、彼の存在を思い出す。自分がどんなに苦しくとも、二度とボールを握れない彼のことを考えれば、それは大した苦しみにはならない。逆に僕が今こうして当たり前のように野球ができている状況は、とてつもなく大きな喜びなのである。夏の敗戦に打ちひしがれている時ほど、彼は僕の前に現れる。そして「よし、もう一度頑張ろう！」と立ち上がる力を与えてくれるのだ。

僕が3年夏に出場した甲子園では「勝った負けたではなく、当たり前のように野球ができることが幸せだ」というコメントを、彼のために残したと記憶している。我々のように今を生かされている野球人にとっては「悔しい」、「痛い」と思えること自体が幸せなことなのだ。

いつの日か、甲子園の舞台で尽誠学園と相まみえたい。大甲子園の空の向こうで、監督という立場になった僕を見ながら、彼が笑っているような気がする。

変幻自在のやり方で創る高校野球の未来

甲子園では不思議と1点差勝利が多いため「明豊は接戦に強い」と言っていただけるようになった。終盤に追いつく試合が多いのも、常に「後半勝負」と説いているこちらの指導に、生徒がしっかり呼応してくれている証である。そして、甲子園でこそ自分たち本来のスタイル「後半勝負」を体現できているという感覚もある。

しかし、僕の中ではまだまだ自信が確信に変わっているわけではない。もちろん現状に満足してはいないし、まだまだ勝負強くなりたいと思う。逆の言い方をすれば、1点差勝利の試合の中には、もっと楽に勝てた試合もあったはずなのだ。

やはり、僕としては高校野球の王道を行くチームを作るのが理想だ。しかし、僕の指導の根本にあるものが柔軟性や臨機応変さである以上は「オールマイティなチーム」でもありたいと思っている。「いったいどっちなんだ」というお叱りを受けそうだが、そこは柔軟性を持って寛大に受け止めていただけるとありがたい。

2019年センバツの横浜戦では4点差をひっくり返し、札幌大谷戦では一転して2-1の投手戦を展開。相手得意の守り合いとなった龍谷大平安戦でも我慢比べに勝つことができた。そういう意味では、どんな試合にも対応できる臨機応変さを、生徒たちはここに来て見せてくれているのである。

つまり、現時点で僕やチームが考えていることや方向性は、決して間違いではないということだ。今後も柔らかな思考の下で、あの手この手を尽くし、変幻自在のチーム作りを続けていくことになるだろう。

これで最後になったが、僕の野球人生に関わってくれているみなさんに、あらためてお礼を申し上げたい。

野球人としての基礎を作ってくださった恩師の髙嶋仁先生、ともに汗を流してきた先輩方をはじめとするチームメイトのみんな、岡村泰岳さんや和田正前監督をはじめ、大分県での僕を導いてくださったみなさま。校長先生をはじめ、いつも温かく見守ってくださる明豊高校教職員や事務員のみなさん。明豊野球部で僕を支えてくれるスタッフのみんな。そして、僕を信じて付いてきてくれる生徒たちと、過去に接したすべての教え子たち。また、僕が矢面に晒されることで辛い思いをさせているであろう家族に対しても、この場を借りて深い感謝を述べたい。

すべてのみなさんに対して「日本一」という最高の結果で恩を返すことができるよう、さらなる精進を続けていくことを誓う。

明豊野球部監督・川崎絢平の「未来を創る旅」は、まだまだ始まったばかりだ。どうか今後とも温かく、時に厳しい目線で、僕たちのチーム作りに対してご指導いただけると幸いである。

２０２０年２月

明豊高校野球部監督　川崎絢平

柔軟力

2020年3月20日　初版第一刷発行

著　　　者／川崎絢平

発　行　人／後藤明信
発　行　所／株式会社竹書房
〒102-0072
東京都千代田区飯田橋2-7-3
☎03-3264-1576（代表）
☎03-3234-6208（編集）
URL　http://www.takeshobo.co.jp

印　刷　所／共同印刷株式会社

カバー・本文デザイン／轡田昭彦＋坪井朋子
協　　　力／明豊高校野球部
カバー写真／アフロ（日刊スポーツ）
編集・構成／加来慶祐

編　集　人／鈴木誠

Printed in Japan 2020

ISBN978-4-8019-2234-1